全食物再發現

升級版

THE WHOLE FOOD REDISCOVERY

CONTENTS

目錄

CONTENTS

目錄

健康快樂再發現

大開資訊出版月卿姐的全家養生秘笈「全食物密碼」以來，我與同仁們最大的收穫是變得更健康更快樂，逢人就滔滔不絕、津津有味地分享健康資訊，連經銷商與很多書店的店員們，都紛紛加入這股養生的行列。

我曾因為過度投入工作而差點讓健康亮起紅燈，後來親嚐到月卿姐做的好菜，加上聽她熱心講解飲食對健康的重要性，頓時真的是一記當頭棒喝！心想，環顧社會，多少人身陷健康危機而不自知啊！因此下了鐵石般的決心鼓勵月卿姐出書分享這套重要的智慧食譜。

知名的誠品連鎖書店去年公佈「誠品報告2005」，特地專文介紹我的發行策略，當時我向採訪的誠品編輯人員說：「身為出版商，但當初沒有想到賣書的問題，只是急著想要告訴人家健康的問題！」所以說「賣熱情」比較貼切。聯合晚報召集人陳雲上小姐採訪我，報導我因為創立文化事業初期的壓力，「失眠了一年」，因此「更重視健康養生」，力勸月卿姐將寶貴的養生食譜公諸於世。現在我與親友們，甚至無數的讀者都因正確飲食而過得更美好，希望讀者即使遭逢任何困境也都要有信心。健康是一切的根本。

感謝讀者朋友們對好書的支持與指教，這段期間，很多讀者在實踐的過程中紛紛表示希望獲得更多的資訊與解答，也熱情的提出疑問，月卿姐更潛心針對更多的養生需求，研發出更多寶貴的健康升級概念與升級版食譜。這本「全食物再發現」策劃、製作更精進，將會讓您嚐到更多的幸福滋味，請大家一起來，健康快樂再發現吧！

許淑晴

名家推薦

希望更多人受益

月卿的上本書得到那麼大的迴響，有點出乎意外。辦公室、家裡的電話突然多了起來。餐桌上或開會前的閒談熱了起來。甚至一些完全不認識的讀者會打電話給我或寫信來詢問一些健康養生的問題。

這些正面反應讓我們開心。雖然月卿因此忙了許多，常常接到邀請到處演講，或上電視訪談，留給家裡的時間因此少了很多；或者即使在家，簽小朋友聯絡簿的責任也常落到我頭上，但我還是覺得值得。健康的身體畢竟是家庭快樂與社會進步的基礎。台灣社會更多的人重視自己的健康絕對是件好事。

從另一方面看，這些正面反應也是莫大的壓力。這兩年內，月卿讀了更多國內外的相關書籍，向更多的學者專家深入請教，希望能吸收更多新知、研究出更多速簡而美味的食譜。她的努力雖然侵佔了我倆共同使用的書桌的大部分桌面，但想到她常端出不同的菜色，讓全家驚喜，也就原諒了她。

養生的方法不只一端，但從個人經驗我相信飲食即使不是充份條件，也一定是必要條件，因為它與身體的接觸最直接，最立即，又最頻繁。如果能確保這類接觸的後果是正面的，最起碼不是負面的，那麼健康就有了最基本的保障，也就不需要花太多時間追求其他的養生方法。這對工作忙碌、時間總覺得不夠用的人來說，是最實惠的了。

我也相信，快樂是養生的重要成分。不快樂的飲食方法既不可能持久，也達不到養生目的。所以我一直拒絕成為百分百的素食者。我總覺得，排除葷菜不僅會讓自己在好友聚餐時望佳餚興嘆，更會剝奪我在出國旅行時碰到的一些樂趣。但多年經驗也讓我相信，素多葷少絕對有利於健康。

如何調製這樣一份既有益健康、又有助快樂的食譜，就是一個不簡單的學問。月卿再度走出重要的一步。希望有更多的人喜歡並受益。

蘇起

（本文作者蘇起先生為陳月卿夫婿、國民黨籍立法委員）

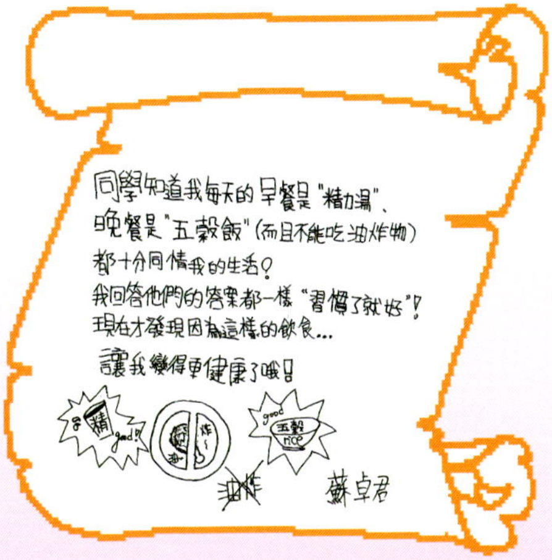

姊姊

弟弟

名家推薦

更多愛的早餐

我開始每天打蔬果汁、喝精力湯，緣起於幾年前當時的外交部次長歐鴻煉夫人所推薦的。因為當時歐次長患了急性肝炎，歐夫人著急得到處找養生知識，後來用了月卿的這一套方法，果真找回了老公的健康，現在歐大使是精神抖擻地繼續為我國外交打拼，擔任瓜地馬拉大使。

因為養生有成，歐夫人很高興地分享月卿這套秘方給我，我就懵懵懂懂學習。等到二年前月卿寫了「全食物密碼」，我才真正有效學到完整的方法。這兩年多以來，我每天都喝精力湯，很有滿足感，覺得好踏實，好安心喔！小孩在美國，我也要求他們要用Vita-Mix機器每天打蔬果汁喝。當然，我每天早上一定親自打果汁給先生蕭萬長喝，我先生笑著說：「這是愛的早餐」，逗得我好開心。

現在我們一群朋友只要聚在一起，都在談養生。我喜歡隨意不拘謹的變化精力湯的內容，也會把很營養但是不喜歡吃的蔬菜，例如紫色高麗菜、山藥等等，都丟進去調理機打，很簡單方便喔。

我們為了家人飲食健康，常常都會想要再多吸收一點新知，很高興月卿又完成了第二本養生書「全食物再發現」，相信這本新書會帶給我們更健康更幸福，我也就可以給先生小孩嚐到，更多愛的早餐。

朱俶賢

（本文作者為前行政院長蕭萬長夫人
朱俶賢女士）

健康的最佳指引

我認識陳月卿女士是在她主持「華視新聞雜誌」時，這個節目曾是我年輕時最喜歡的節目，她那作新聞的認真態度也表露在寫作上，所以「全食物密碼」出版以來贏得廣大民衆的迴響。

全食物營養是目前很重要的營養觀念，單一純化的營養素即使如綜合維他命，都已不再是營養保健的潮流。蔬菜水果等天然的食物，含有各種抗氧化的成份及化學物質，它包含在果皮、果肉及種子，當全部混雜之後，再由人體全面吸收，會產生交互協同作用，大大增加保健價值。

有研究顯示，沒有任何證據證明單一或綜合維他命可以預防癌症或心臟病，長期使用維他命E（每天400國際單位），反而增加10%的死亡率，而大量攝取蔬菜水果的人，可以減低60~70%心血管疾病，或減少75%的胃癌、70%的大腸癌、50%的乳癌及46%的肺癌。再根據全球154個研究調查報告，蔬菜水果攝取太低，會增加2~3倍的各種癌症機會，只有全食物的蔬果，才有保健防癌的效果。

因此，養生防癌之道，就是維持抗氧化保護與自由基破壞之間的平衡。台灣民衆蔬果攝取量嚴重不足，台灣癌症基金會多年來不斷努力呼籲民衆，應攝取大量蔬果，但仍然迫切需要有心人士著書推廣，鼓勵社會大衆多多攝取全食物蔬果，陳女士再接再厲推出「全食物再發現」，可以做為最好的指引，值得大大推薦。

（本文作者賴基銘醫師為國家衛生研究院行政處處長、台灣癌症基金會執行長）

企業打拼之寶

本人從事IC產業多年，科技產業步調快捷，為達成客戶需求及滿意，半導體從業人員多半需與時間賽跑，工作時間長，因此身體健康是事業成功的基本，養生以及均衡的飲食也就愈形重要。

回顧當年負笈前往史丹福大學修讀研究所時，指導教授James Meindl（2006年IEEE最高榮譽獎章得獎人）即教誨說：半導體的研發不只是靠腦力，體力與健康才是最重要的根本。《大學》的經典論述上說：君子「修身，齊家，治國，平天下」，修身是建立事業的前提和基礎，而身體的修練，則包涵對身體健康的維護和保持。

本人對養生知識樂於汲取，瞥見蘇起與陳月卿夫妻鶼鰈情深，月卿為牽手身體健康鑽研製作各種精力湯及養生餐，內人依照月卿之前出版之《全食物密碼》製作精力湯，每日下午飲用，不僅振奮精神，改善消化循環系統，身體也覺得格外輕鬆，收穫良多。鈺創公司一向關心員工健康，我在體驗了精力湯的好處後，公司也每日特別製作蔬果精力湯給主管飲用，喚起全體同仁對健康的重視。

適逢月卿推出新書《全食物再發現》，分享她對全食物以及飲食調整的觀念，覺得此書對於提供健康保健貢獻良多，故凡相信保健之重要者，務必鑽讀此書，用特為文推薦給科技產業、奮鬥事業諸君以及各個角落的讀者，寶物共享衆樂樂之！

盧超群

（本文作者盧超群先生為鈺創科技創辦人暨執行長）

早上一杯湯，健康似神仙

月卿二年前出了一本「全食物密碼」，風行海內外，我也立刻買了一本，這是我生平買的第一本養生書。由於好友蘇起兄十幾年前患了肝腫瘤，開刀迄今十六年餘，現在他氣色紅潤，體態舒暢，可證明月卿的精力湯確有神效。既有好友為證，我立刻開始調理飲用，兩年下來，多年纏身的異位性皮膚炎，幾乎完全痊癒。另外，最近全身體格檢查，醫生居然給了我一份幾乎通通過關的檢查報告。個人深信月卿「全食物密碼」中的精力湯，立功厥偉。

外國人常說：〝You are what you eat.〞也就是說你的體態與體質，由你吃的食物決定。中國人也常講：「藥補不如食補」，本人一生深信不疑。多年來我居住和旅遊過世界許多地方，也有一些觀察。許多國家人民，由於飲食習慣不良，常造成肥胖等現象。我國各地菜餚，用油、用鹽及用味精均有過量的情形，這些都影響許多國人的體態與健康，令人憂心。

西方基督教教會，有一宗派強調「社會福音」(Social Gospel)，推動社會改造工作。月卿這本新書就是在我國飲食文化中，進行一種社會改造的工作。俗語說：「飯後一隻煙，快活似神仙」(這句話可能不為醫生同意)。但針對精力湯，我要說：「早上一杯湯，健康似神仙」。月卿這本書，假如你仔細研讀，力行實踐，它就會餵給你適宜的食物，所以這本書對於國人身體健康是一極有貢獻的著作。

邵玉銘

(本文作者邵玉銘先生為前新聞局長，
現任中國文化大學史學研究所教授)

作者序 健康升級、幸福加分

「希望能幫助更多人，像我們全家一樣找回健康」！

兩年多前這個小小心願，促使我寫下我的第一本健康食譜「全食物密碼」，沒想到掀起一圈又一圈善的漣漪。很多朋友閱讀或實踐之後覺得很好，又分享給更多朋友，這套健康飲食的概念就這樣一波波傳佈出去。我知道這不是我的力量，而是「因緣」，代表「時候到了」，大家有這個需要。

這時我才恍然大悟，原來冥冥中一切自有安排。

民國八十年到八十二年是我最痛苦的兩年，先後歷經兩次流產的錐心之痛和先生蘇起肝癌開刀的龐大壓力。當時我常背地裏流著淚無語問蒼天，為什麼要讓我經歷這些痛苦的歷程？現在我明白了，這不僅是上天對我和我們全家的祝福，也是對我們的鞭策！讓我們找到回復健康的自然法則，再分享大家。而且這分享的快樂，遠遠超過我們全家獲得健康重生的喜悅。

第一本書出版後，讓我最開心的就是，讀者與我分享他們的實踐經驗。有人喝精力湯減了三公斤鮪魚肚；有人則解決了過敏之苦；有位女士高興的告訴我，喝精力湯之後不再便秘，她的腰線都出來了；也有位媽媽打精力湯給兒子喝，不僅改善兒子的腸胃問題，「連皮膚都變好了」。還有位太太跟我說，她照我的食譜做了一道菜，老公竟然問她：「今天要請客嗎？」一位讀者更厲害，她照我的食譜再加以美化用來請客，結果每個人都讚不絕口，她高興的說要把食譜再

提供給我。

另外，有不少男士得意地說，打精力湯一點都不難，現在都是他們打給老婆喝。還有位媽媽一直感謝我，因為過去她切水果給女兒吃，女兒不吃，她就生氣，關係弄得很緊張。看了我的書之後，她改成打果汁和精力湯給女兒喝，女兒不僅一口喝乾，還感謝媽媽的辛苦，母女感情大為好轉。她笑著說：「我那傻女兒！其實打果汁比切水果還簡單方便呢！」

因此，「全食物密碼」出版之後我並沒有停下研讀、實驗的腳步，反而感受到讀者朋友更多的督促。自許為推動新時代飲食文化的義工的我，總覺得有責任提供更多、更簡單、也更美味的健康飲食給大家。經過將近兩年的沉潛，我很高興的進一步發現，閱讀的範圍越深越廣，越發現更多支持我的理論與證據：「飲食對身體抵抗疾病、維護健康的能力確實有很大的影響」，而「調整飲食是改善體質最直接、最快速的方法」。

看完了「全食物密碼」，你心動但還沒行動嗎？或者你已經開始行動卻不能持之以恆？又或者你碰到一些疑難問題不知如何解決？更或者你已經實行得不錯，希望能有更多、更豐富的食譜。這本「全食物再發現」就是為了解決這些問題而出版的，我們會告訴您一些實踐者的心得，以及他們在實踐中碰到的問題，甚至更多有關全食物的新發現，當然還有更多、更簡單、更美味的健康食譜。

「全食物密碼」幫助很多朋友開始走上健康之路，體會健康幸福其實很Easy！「全食物再發現」希望能幫助更多朋友健康升級、幸福加分!

新的人生

曾經蒙癌洗禮卻幸運活下來的人往往都充滿感恩，並把癌當作是一種祝福。癌症對健康的威脅是這麼立即而直接，因此成為刺激生活方式改變的原動力，重新開啟自我與內在靈性成長，因而找出人生新的方向。

企業癌症患者的親身經歷

楊織宇是我在政治大學企業家班的同學，曾任國內兩家上市櫃營建公司的總經理。他是個拼命三郎，手上一度掌控二十幾個建案，其中一個市值200億的建案，不僅提早一年完工，還獲得品質金質獎章。但是這種既求「快」又求「好」的工作態度，卻讓他的健康付出沉重的代價。

他曾因工作過勞胃出血而休養三個月。康復後決定自行創業，但逐漸有成之際，身體再度出現警訊，這一次上天給了他一個更嚴厲的考驗。民國九十三年元旦，他腹痛如絞，立刻到醫院急診。醫師照了胃鏡之後，判斷是胃發炎，要他停止進食、打點滴，結果休息一天就好了，他也沒放在心上。

沒想到之後每一、兩個月就發作一次，他也找不同的醫師檢查過，一樣研判是胃發炎。就這樣肚子斷斷續續痛了快一年。到十月份，他逐漸發現一個規則，那就是每次肚子痛都發生在假日、心情放鬆、胃口特別好的時候。他開始覺得這應該不是胃的問題，他多年的一位好友王阿姨，覺得這樣拖著不是辦法，就幫他掛號，找她的家庭醫生看診。醫生判斷可能是腸子塞住了，立刻安排到國泰醫院檢查。十一月下旬檢查結果出來，醫生在他的升結腸上發現一顆2.5公分的腫瘤。

因為痛了這麼久，又一直查不出病因，他早猜想到癌症的可能性。他很快的穩住心情，開始擬定應變的方案。他立刻上網尋找資料，詳細閱讀了相關資訊之後，釐出兩個重點，一是找個好醫生開刀，二是開始調整自己的飲食與作息。

十二月六號他進醫院割除心頭大患，很幸運他不需要做人工肛門，省了很多事。但是由於淋巴化驗出癌細胞，所以他必須做化療。

在檢查出癌症後他立刻打電話給我，並且約了時間和太太一起來找我。我建議他立即開刀治療，並進行飲食調整。說來也是緣分，他太太在榮總擔任護士期間曾經照顧過我先生，他知道我有過照顧癌症患者的經驗，所以第一個想到諮詢的對象就是我。當時我的第一本食譜「全食物密碼」剛剛完稿，我就把電子檔寄給他，並且將自己的經驗傾囊相授，又親自示範怎麼打精力湯、南瓜湯和燕麥糕。

他的行動力很強，立刻就開始改變飲食。過去他因為職業的關係，交際應酬很多，中午又經常便當果腹，習慣大魚大肉和重口味，覺得家裡的菜太清淡不好吃，也不愛吃蔬菜水果。發現癌症後他態度大轉彎，食物中80%以上是植物，包括五穀、豆類、蔬菜和水果，並且絕不外食。每天早上起來先打太極拳，然後喝兩杯約700cc精力湯，餓了再吃堅果饅頭或燕麥糕。中午在家用餐或自備便當，主食是五穀米、有機蔬菜和豆腐等。

開刀後一個月，他開始做化療，每兩個星期一次，一共做了兩個療程、共12次，歷時半年。這段期間，每隔一周的週三到周五他必須住院化療。周六休息一天、往往什麼都吃不下。周日逐漸恢復，周一他就上班了。化療期間他照樣喝精力湯，從來不曾發生過白血球太低不能做化療的情形。醫生說化療期間要多吃肉，他會吃點

魚，並且大量補充豆腐和豆類。化療很辛苦，口味也會改變，他盡量找自己喜歡或當時想吃的東西吃。

化療進行到第七次，他一度想停下來，因為他聽說一般人通常只做一個療程六次，不少人警告他化療次數太多，會對身體造成很大的傷害。他很徬徨，猶豫不決。我鼓勵他最好聽從醫生的建議，以免功虧一簣，他太太也持一樣的意見。最後他終於下定決心做完了整整兩個療程。

住院化療期間或回醫院檢查時，他經常會和旁邊的「病友」聊天。很多病友問他為什麼氣色比別人都好，看起來不太像化療患者；也有人訝異他還能照常上班、上課。

他很樂意地跟他們分享自己調整飲食和作息的經驗，他們都非常感謝。他也驚訝的發現，很多病友只知道要吃有機，但是該怎麼料理、怎麼調配都不清楚。一些病友因為癌症復發回院診治，一問之下，發現他們都沒有進行飲食調整。關於這點許多的科學研究已經證實，同時接受癌症治療和飲食調整的癌症病人，他的生活品質和完全康復的機會可以增加12到 21倍。

剛開始進行飲食調整的時候，楊太太幾乎完全按照我的食譜，慢慢經驗多了，就會根據季節以及手邊的食材做變化。譬如剛開始楊織宇很喜歡燕麥糕，幾乎天天吃，久了就膩了。於是太太改做不加糖的燕麥糕，沾蒜泥醬油或素蠔油吃。他們的精力湯也很特別，除了蘋果、鳳梨、柳丁、香蕉等水果、一種芽菜、混合堅果外，還加黃豆、薏仁以及螺旋藻。加螺旋藻主要是可以幫助代謝體內的放射線，單獨吃味道太重，加進精力湯比較容易喝下去。楊織宇覺得喝精力湯後，「身體絲毫沒有負擔、精神很好、身輕如燕」。楊太太最高興的是不再便秘，身體不殘留毒素。她還把小朋友不喜歡的水果偷偷加進果汁裏，讓小朋友的飲食更均衡多元。

一場意外打亂了楊織宇的生涯規劃，卻帶給他一段不一樣的人生體驗。他認為癌症患者最重要的是心理建設，盡量保持心情平靜、要樂觀、有信心，其次要調整飲食並且養成運動的習慣。

不一樣的人生，卻因禍得福。幸運的是：其實你可以不必等罹癌才開始。

B肝之友的體驗

我和我先生蘇起都是B肝帶原者，估計全台灣大約有2、300萬人跟我們一樣，我們戲稱為B肝之友。B肝之友平常沒有特殊感覺，但是根據統計他們得肝癌或肝硬化的比例是一般人的150倍，男性的風險又比女性高。過去我們還和幾個朋友組成肝友會，經常「肝膽相照」，互相分享保肝秘訣。

「全食物密碼」出版後半年多，有一天和蘇起一起參加一場餐會，一位企業界朋友很高興的過來和我們聊天。這位企業家在好幾個上市上櫃公司擔任高階管理人，也是工業總會的理事，相當活躍。他說他也是B肝之友，前一陣子因為工作太忙、壓力太大，肝指數一度飆到600，他立刻去看醫生，醫生開「肝安能」給他吃，指數是降下來了，但到了50就不再下降，而肝指數正常值應該是35、40以下。更糟的是過一陣子肝指數又回彈到4、500。他又去看醫生，這回醫生為他做了詳細的檢查後告訴他一個壞消息，那就是他的肝病毒對肝安能的抗藥性高達99%以上，換句話說就是：「沒有藥可以吃了」。

在無計可施之下，他正好看到我的書，於是開始照著實踐，他說：「第一個星期就感覺肝舒服多了，一個月之後肝指數就正常了」。很幸運後來又有新藥「肝適能」上市，也讓他的肝指數一直維持正常。

聽到他這麼說，我開心極了。也證明了我在安·威格摩爾博士書上讀到的一段話：「只要給它活的、富含酵素、容易消化的飲食，身體就會改善，只要兩到四週就可以看到好處」。

有人說肝病是國病，除了B型肝炎威脅國人健康之外，近年來又多了一個C型肝炎，兩者合計患者有300萬人，而有B肝又有C肝的也有10萬人。台北市松山區一位幼稚園園長就身受C型肝炎之苦，她曾經試了好多方法，但是肝指數就是降不下來。後來她終於下定決心買一台調理機，開始喝精力湯，果然一個多月後肝指數就逐漸下降了。她開心的不得了，直說要跟園裏所有的老師分享，還希望以後也能給幼稚園的小朋友喝健康的全果汁。

吳姐姐和精力湯

除了肝病，腸胃問題也是困擾國人的毛病，我就深受其苦。過去從事新

聞工作期間，除了嚴重的胃痛、還經常消化不良、或是腸胃炎，幾乎天天得吃藥，甚至常常跑醫院，還曾經因為嚴重胃痛去急診。開始調整飲食後腸胃系統就漸漸正常了，到現在十幾年都沒有再犯過。

「吳姐姐講歷史故事」的作者吳涵碧女士和他先生王壽南教授也是因為腸胃問題開始喝精力湯的。王壽南教授曾經當過政大文理學院院長，也經常在報章雜誌發表文章。前兩年王教授突然上吐下瀉又發燒，住進醫院，醫生認為是盲腸發炎引起小腸腫大，治療半個月後，回家休養，建議過一個月後再開刀。涵碧回家後非常憂急，不知道該給先生吃什麼，正好看到我的書，她立刻去買了我推薦的調理機，並且開始打精力湯。因為擔心營養不夠，她每天早晨把所有的食物都打成奶漿或果汁。其他兩餐也謹守「只吃食物，少吃食品，盡量清淡」的原則，再加上服藥、勤練氣功。一個月之後回去檢查，醫生告訴他們腸胃暢通如高速公路，不需要開刀。

現在王教授和涵碧天天早晨合做精力湯。涵碧邊唱聖歌、邊切蔬果，王教授則像小熊維尼一般，將瓶瓶罐罐中的材料一一放入，「玩」得很開心。他們目前的精力湯配方是：五穀米加白或紅薏仁與黑木耳煮熟的飯半碗、加大豆卵磷脂、黑芝麻粉、杏仁粉、葡萄乾、蔓越莓、核桃，再加蘋果、柳丁或芭樂等水果，和一種青菜如萵苣、高麗菜或大芹菜。青菜、水果的種類會經常輪換。王教授覺得這些東西如果要一樣樣吃，沒辦法一下全吃下去，打在一起，不僅容易吃、比較好吃，也容易消化。他們就長期

用精力湯來保養身體。

我覺得他們的精力湯內容很豐富，他們想要在精力湯裏喝到完整營養的想法對我很有啓發。不過我建議他們用芝麻粒取代芝麻粉，因為芝麻營養很豐富，打成粉末後很容易氧化，最好是要喝的時候再加芝麻粒進去一起調理，能吸收到最多營養，也避免吃到其他的添加物。杏仁粉也一樣。他們認為言之成理，欣然採納。

前新聞局長當義工

前新聞局長邵玉銘文采學養俱佳，喜歡美酒佳餚，跟我老公一樣「無肉不歡」（男生好像都是這樣），很難想像有一天他會因為精力湯而自稱是我的義工。

邵局長是在書店看到我的「全食物密碼」。他覺得很好奇：「陳月卿會做菜？」就買了一本。回去看了以後，覺得精力湯做起來蠻簡單的，再加上蘇起看起來氣色很好，神采奕奕，他覺得自己也該試試這種健康飲食。他的太太靳秀麗跟我是新聞同業，還先後擔任過華視新聞雜誌主持人，來往互動很多，她多次聽我談到精力湯，這次「受到我的熱情感召」，開始認真執行。

一開始秀麗的精力湯很簡單，就是三種水果加混合芽苗，邵局長覺得好像在吃草，喝得有點勉強。後來秀麗加進堅果和三寶粉（大豆卵磷脂加小麥胚芽、啤酒酵母混合的粉）以及葡萄乾、藍莓和蔓越莓這些乾果，再加上一點檸檬，喝起來又甜又香，邵局長漸漸喝成了習慣。

喝了幾個月，邵局長發現過去困擾他的過敏症狀——皮膚癢和起床後猛打噴嚏，改善很多。過去他都靠藥物控制，一早上起來要吃很多藥，現在不用了，非常開心。有時候秀麗因為新聞工作要出差，沒時間做精力湯，他還會說：「求求你，一定要弄給我喝。」。有一陣子秀麗出國，他自己動手做，碰到困難，還打電話來問我詳細的步驟，很是認真。

這段親身經驗讓邵局長對精力湯嘖嘖稱奇，主動跟許多朋友分享，他在電話裏笑著跟我說：「我都變成你的義工了！」

秀麗覺得最棒的是不再有便秘的困擾，皮膚也因此變好、很有光澤。尤其隨著飲食改變，心情也變得愉悅，身體很輕、很自在。同時她對食物開始有自覺，覺知自己在吃什麼，以及該怎麼吃，買菜也比以前用心。隨著飲食觀念和行為的改變，連代的她的生活態度和消費行為也跟著改變，變得更順應自然、關懷環境。

因為自己受益，他們開始買「全食物密碼」送人，甚至帶到美國當禮物，他們的朋友幾乎人手一本。他們也常用精力湯款待來家裏的朋友。也是前新聞局長的趙怡就是在他們家第一次喝到精力湯。

看到秀麗遞過來的精力湯，趙怡滿臉無奈的說：「我可是給你面子才勉強喝的。」可是就在不久之前，由於趙媽媽要求，他也加入了喝精力湯的行列。他說如果成效卓著他也要做我的義工，「那就有三位前新聞局長幫你當義工了」。

不過邵局長喝精力湯也碰到一些問題。他有胃潰瘍的病史，喝精力湯一段時間後胃潰瘍又發作了，他打電話給我，希望我建議一些比較不甜的水果來調配精力湯。我建議他和秀麗，一早起來先喝一杯150cc到200cc的溫水，過一會兒再吃早餐，喝精力湯前也可以先吃點東西墊墊肚子。冬天可以用約50度的溫水打含有生菜、水果的精力湯，也可以喝溫熱的豆漿、米漿或煮熟的根莖類濃湯，就不會覺得太寒涼。太甜的水果如香蕉，太粗的纖維如大芹菜、地瓜葉，以及堅果類都容易傷胃，有胃潰瘍病史的人最好避免。

有機生高麗菜汁和蓮藕汁則有助於修補胃黏膜。

我同時建議他不要一早起來喝普洱茶，因為普洱茶會刮油，一早起來喝傷胃，最好改成吃飽飯或吃了油膩的食物後喝。我自己就曾經喝了一段時間普洱茶，感覺刮胃刮得厲害，胃隱隱作疼，後來就停了。

邵局長頗有文人雅士之風，喜歡深夜讀書寫作，睡前再喝杯小酒助眠。事實上，胃也需要休息，深夜正是胃修補黏膜細胞的時間，這時候還從事費神的工作，又用酒刺激胃黏膜，日積月累胃當然要抗議，這其實跟喝精力湯的關係不大。邵局長要徹底治好胃潰瘍，除了服藥，還得改變生活習慣才能一勞永逸。

秀麗深情的表示，身體被管其實是一件幸福的事。蘇起對這一點深有體悟，從當初的不情願、勉強、到習慣、到現在的甘之如飴，一步步走來的確是點滴在心頭。希望邵局長也能對這樣幸福柔軟的管束心悅誠服。

蔬果達人葉樹姍

在我的朋友裏，對精力湯執行最徹底、最有心得的要算葉樹姍了。樹姍

不僅新聞工作橫跨廣播、電視，幕前、幕後，在生活上也非常用心。多年下來她也成了蔬果達人，不僅有許多創意和巧思，而且很樂意跟別人分享。不過她總是謙虛的說精力湯最早的配方是我提供給她的，不願掠美。

民國八十九年隨著政黨輪替，我先生蘇起卸下陸委會主委職務。肝病防治基金會執行長許金川醫師有一天拜訪蘇起，請他出席記者會，擔任肝癌防治宣導義工。就在記者會之後，當時在台北之音主持「台北塞車族」的樹婀約了我和蘇起接受她的訪問。話題包括我們喝精力湯的經驗、精力湯配方、以及如何準備材料。節目後我把精力湯食譜傳給她，行動力超強的樹婀立刻開始實踐。

其實樹婀當時也有宿疾，那就是困擾她多年的痔瘡。後來被口快的胡瓜在節目中公開，讓她覺得很尷尬。她分析自己得痔瘡的原因，一是因為生孩子太過用力造成的；另外一個原因就是食物。她喜歡吃辣，尤其是麻辣鍋、沙茶火鍋，每次吃完，症狀就很明顯，而且屢試不爽。精力湯讓她覺得最棒的是：因為膳食纖維豐富，很快就解決了她深以為苦的便秘問題，也減少了痔瘡的痛苦；另外豐富的維他命和礦物質，也讓她的皮膚「水噹噹」。因此她養成了每天早上一杯500CC 精力湯的習慣。

樹婀不但自己喝精力湯，基於「好東西要跟好朋友分享」的想法，她更熱心的到處宣揚，希望她的朋友人人一杯精力湯，個個像她一樣健康又美麗。樹婀有時候還自掏腰包送長輩、朋友調理機，她說：「送健康，是最好的禮物」。

除了宣揚，她還創新。巧手蕙心的樹姍發現每天實驗不同口味的精力湯非常好玩，而且每天都有不同的發現，譬如：西瓜跟草莓是絕配，柳丁跟鳳梨也很速配。為了兼顧美味和美感，她還用「彩虹蔬果汁」的概念來設計每天的早餐，就是每天用不同顏色的蔬果來調配精力湯。如紅色用番茄、草莓、紅椒；橙色用柳丁、柑橘、哈密瓜、紅蘿蔔；黃色用蘋果、鳳梨、黃金奇異果、百香果；綠色用芭樂、奇異果、芹菜或青椒；藍紫色用葡萄、紫色高麗菜、藍莓等。其實這非常符合健康飲食的原則，因為最近的研究證實不同顏色的蔬果含有不同的植物化學物質（phytochemicals），如紅色有茄紅素，黃色和橙色有類紅羅蔔素，綠色有黃色素，藍紫色有花青素等，各有不同的作用。

她也毫不藏私的把她自創的銀耳燕窩做法跟大家分享。非常簡單，就是把白木耳洗乾淨，浸泡十分鐘，把泡軟的白木耳放進調理機打30秒，然後把打得細碎濃稠的白木耳加冰糖，放進電鍋蒸熟，就是既可口又跟燕窩一樣富含多醣體的銀耳燕窩。

也許就是因為喜歡分享，再加上身體力行、從飲食中改善健康，所以樹姍一直美麗苗條，很多人都好奇「她為什麼都不會老」？而在蔬果中體驗到的「一菜一果一世界」，也讓她更願意繼續為公益盡心，為新聞保留一塊清新的園地。

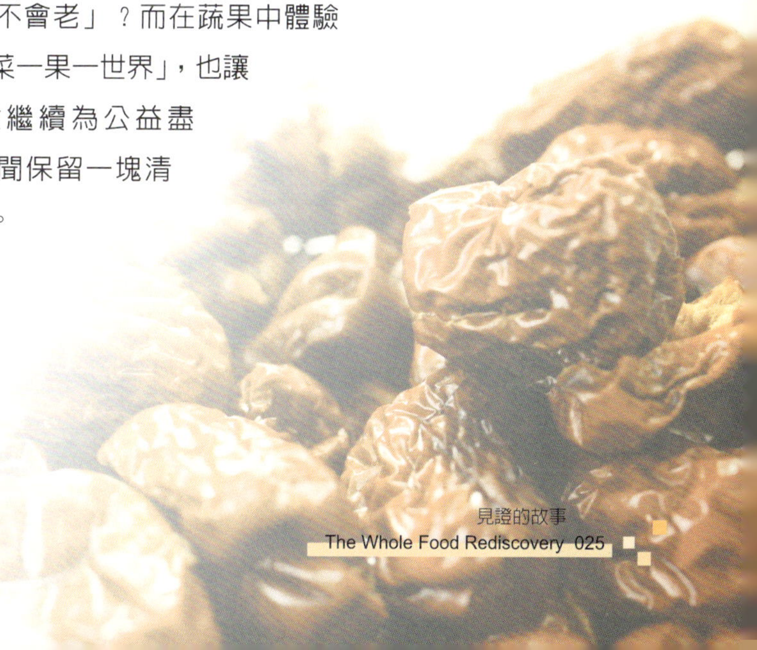

健康升級概念

吃對食物

也許你會好奇，甚至懷疑，飲食真的對健康有這麼大的影響嗎？其實兩千多年前西方醫聖希波克拉底（Hippocrates460-377B.C）就說：「你的食物就是你的良藥」。有藥王之稱的唐代名醫孫思邈在《備急千金要方》裏也說：「夫為醫道者，當洞曉病源，知其所犯，以食治之。食治不癒，然後命藥」。

也就是說，醫生看病，先要了解病源，然後用食物來治療，食療無效，才要用藥。可見東、西方的智者，所見略同。他們相信人體擁有強大的自癒力量，而醫生的角色在於強化這些與生俱來的能力。適當的飲食是避免生病、強化身體自癒能力的第一步，也是很重要的一步。因為營養在免疫機能上扮演了非常重要的角色，即使是輕微的營養不良、精神壓力或暴露在毒性物質中，都會讓我們的免疫功能減弱。

吃對食物健康長壽 吃錯食物百病叢生

本身是癌症倖存者的前台大病理科主治醫師李豐，在顯微鏡下研究細胞三十多年，她得到一個結論：「身體有六十兆個細胞，有無數生化工廠，我們是管不了那麼多的！還是供給原料，給它環境，讓身體自己運作就好了」。這裡提到的原料就是飲食和營養，環境就是生活作息和運動。人體的建構、修護和能量供應都來自於飲食中所含有的營養。

可惜現代人雖然處於歷史上食物供應最充裕的時期，卻也面對著更多的飲食陷阱。錯誤的飲食習慣和內容，讓現代人一口口吃掉自己的健康，累積出癌症、糖尿病、高血壓、心臟病、腎臟病等各種慢性疾病。

美國營養學博士派屈克．奎林（Patrick Quillin），在他所著的「用營養擊退癌症」（Beating Cancer With Nutrition）裏，對現代美國人的飲食有很生動的描寫。他認為美國的貓兒狗兒吃得比人還好，因為貓狗的食物由獸醫調配，都有均衡的蛋白質、醣類、脂肪、纖維、維生素和礦物質。但是美國人卻根據自己的口味、方便性和價錢來選擇食物，通常是高度精製卻營養很低的食物，如白米、白麵，卻把營養豐富的米糠麥麩丟給牲畜吃。

他諷刺的描寫，在美國很多大型動物園販賣垃圾食品的自動販賣機旁邊都會貼著鮮明的告示，警告遊客「不要用這些東西餵食動物，以免它們生病或死亡」。他問：「如果這些食品可能會害死一隻180公斤的大猩猩，為什麼卻可以給18公斤的小孩吃？他們的生理結構其實是非常相似的。」你的答案呢？

現代人的飲食陷阱

陷阱一：吃太多精製食物、加工食品

加工食品通常會加入一些值得商榷的東西，像色素、糖精、防腐劑、除霉劑、漂白劑、人工香料等各種添加物，以及鹽、糖和脂肪，同時去除一些有價值的營養素，像維生素、礦物質和纖維。吃這種食物不僅得不到營養，還會增加身體的負擔，因此也被稱為垃圾食品。但是這些加工食品在製作時充分迎合人類的味蕾和視覺，所以無論大人或小孩都免不了受不住

誘惑一口接一口。

其中兒童受害最深。美國舊金山一所醫學中心的班．范歌德（Ben Feingold）醫生，是一位傑出的兒童過敏專家，他根據多年的行醫經驗發現，40%到50%的兒童過敏病例是因為食物添加物造成的。他也發現很多過動兒一旦停止吃含有人工色素、人工香料和一些防腐劑的食物之後，行為立刻大有改善。

1985年的研究找到更有力的證據。在這個設計完善的研究案中，他們先把過動兒飲食中所有可疑的食物去除，79%的孩子立刻有明顯的改善；而當孩子又開始吃那些有問題的食物，行為立刻故態復萌。人工色素和香精是最嚴重的罪魁禍首，糖也有很大的影響。

精製食物如白米、白麵、白糖，是大部分人每天必吃的，但是它們缺乏人體所需要的主要養分，長期吃這種食物會使細胞處於飢渴狀態，不斷需求養分，所以容易飲食過量，體重過胖，並且營養不良。很多胖哥胖妹胃口特別好，也許正是這個原因。

研究也發現，長期吃高度精製的澱粉和糖這類高升糖指數的飲食，容易導致糖尿病和心血管疾病。因為這些精製食物沒有纖維等雜質保護，被腸酵素分解的速度很快，所以吃下去以後，體內的血糖會快速升高，這時身體會釋放大量的胰島素，讓血糖快速下降，但是低血糖又會讓人產生疲倦感，所以身體又釋放大量的腎上腺素和正腎上腺素，結果血糖值又飆高，身體又釋放大量胰島素，這樣的循環不僅讓血糖值不斷的高高低低，情緒也會因為腎上腺素而起伏不定。

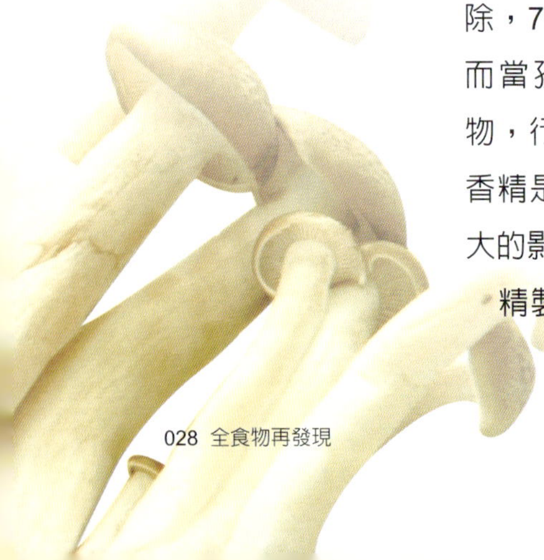

這就是我為什麼鼓勵大家吃全食物，也就是盡量攝取保持原始狀態的食物，像糙米、胚芽米、全麥、五穀雜糧、豆類、蔬果等，因為它們含有豐富的纖維，可以避免血糖急速上升又急速下降；可以增加飽足感，所以不容易過量；還可以增加高密度脂蛋白膽固醇，也就是所謂好的膽固醇；是腸中好菌的養料，有益腸內生態，幫助排除廢物，防止便秘。再加上含有豐富的維生素B群，是精力的來源，真是好處多多。

你也許不知道，每公克糞便中大約有一千億個細菌，同時還有許多其他的毒素，如果接觸腸壁的時間過久，毒素會被再吸收，難怪人家說，便秘是百病之源。而動物的肉裏是沒有纖維的，這也是為什麼肉食者容易便秘。

我自從把家裡的主食改成糙米以及五穀雜糧之後，就感覺身體狀況明顯的改善，好有精力，不像過去還不到中午就感覺疲倦得不得了。同時五穀雜糧越嚼越香、越有勁，反而我吃白米飯時，卻覺得不夠味了。

陷阱二：過多的脂肪

脂肪是食物美味的來源，也是熱量的來源。許多癌症都直接或間接跟脂肪有密切的關連。特別是女性的一些癌症，如乳癌、卵巢癌，因為油脂是體內荷爾蒙結構不可或缺的元素，過多的油脂會刺激人體製造較多的荷爾蒙，而過多的荷爾蒙會誘發癌細胞滋長。許多研究已經證實增加食物中脂肪及膽固醇的含量，會增加大腸、乳房、胰臟、攝護腺、膽囊、卵巢和子宮內膜癌的發生率。

國人的脂肪攝取量平均佔熱量的34%，遠高於衛生署所訂的標準25%-30%，更遠遠高於日本的8%-10%。減少脂肪攝取，第一要避免油炸食物，因為除了脂肪高，在油炸過程中還會產生許多不安定的化學分子和粒子，這正是人體細胞致癌的主要元凶。我朋友的孩子離家到南部唸大學，幾乎天天都吃油炸食物，一個學期回來，背上長滿了青春痘，根據畢勒醫生的說法這就是身體急速排毒的現象。

跟油炸有關的還有反式脂肪，最近引起很多討論。反式脂肪是一種經過氫化的植物油，因為穩定性高，可以重複使用來油炸食物，並能使烘焙食物酥脆。但是，反式脂肪會提高血液中低密度脂蛋白膽固醇的濃度，也就是我們所說的壞膽固醇，因此會增加罹患心血管疾病與糖尿病的機會，也會導致動脈阻塞硬化。另外，像植物奶油、奶精、奶球、甚至珍珠奶茶裡面也含有反式脂肪。

很多人都知道要少吃豬油、牛油和肥肉，因為它們是飽和脂肪酸，容易沉積，並且會增加血液中膽固醇的含量，吃太多會中風或血管阻塞硬化。其實棕櫚油、椰子油也是飽和脂肪酸，很多的糕餅、糖果都含有這兩種植物油。

別以為瘦肉就沒有脂肪，牛、羊、豬等紅肉和奶製品的飽和脂肪含量也很高。尤其現代的飼養方式，使紅肉含有太多人體不需要的脂肪——飽和脂肪和omega-6脂肪酸，卻太少人體需要的脂肪——omega-3脂肪酸，所以要注意攝取量。另外動物性蛋白質過高，容易造成骨質疏鬆，植物蛋白質的影響相對較小。同時在烹調上，動物性蛋白質如魚、雞、紅肉，過度高溫烹煮，會難以消化或產生毒素。

比較起來，植物油和堅果、種子類含有人體必須的脂肪酸，是比較好的油脂來源。堅果和種子還含有豐富的礦物質和微量元素、維生素及纖維。但是脂肪畢竟是脂肪，吃太多還是會胖。

陷阱三：太多糖

幾乎很少人能抗拒糖的甜蜜滋味，就連癌細胞也愛吃糖，它們會吸取血中的葡萄糖，使病人血糖降低，腦中控制食慾的機制就會叫病人多攝取高

糖的食物，結果就像火上加油。

而現代人不只飲食熱量有20%來自精緻的糖，同時血糖的濃度也在攀升，研究認為這也跟癌症發生率節節攀升有關係。糖還會代謝掉血中的血鈣和B群。吃太多含糖分的東西，會引發身體氧化、進而產生老化現象。所以愛自己和家人就少給他們吃甜食、含糖飲料。

根據外電報導，飲料含咖啡因的情形越來越多，已經超過一半，特別是可樂。製造商添加咖啡因，主要是要讓兒童喝了之後上癮。專家估算，如果每天都喝一罐甜飲料，又不增加運動量，一年會胖12公斤，嚇人吧！

現代人的味蕾真的讓甜味給寵壞了，不知道你注意到沒有，現在連水果都比以前甜很多，因為不甜沒人買，所以說現代人簡直是生活在甜蜜的飲食陷阱裏。

改變飲食→改善健康→改變行為

「新世紀飲食」作者約翰．羅彬斯（J.Rpbbins）在他的新著「還我健康」（Reclaiming Our Health）裏提到，美國有許多研究顯示，當問題青少年改變飲食，也就是讓他們吃完全的穀類、蔬菜、水果等養分集中的食物，並且避免含糖、人工色素、香精、防腐劑的食物，結果像偷竊、反抗、過動和自殺等有問題的行為減少了44%到75%。

改變飲食不僅可以改變孩子的行為，還可以改善他們的學習成績。「還我健康」舉了另一個例證。紐約市的八百多所公立學校曾經進行一項長達四年的研究，方法是逐步減少學校

供應午餐中的加工及精製食物、人工添加物、糖分和脂肪，同時逐漸增加新鮮的水果和蔬菜、完整的五穀和植物性蛋白質。結果實驗一年後，這些學校的學生成績跟其他郡内學校比起來，從原來的排名39%、41%、43%，進步到47%；第二年飲食計畫更進一步，成績也進步到51%；第三年維持同樣的飲食計畫，成績排名也維持在51%。第四年飲食計畫完整的付諸實施，成績再度進步到55%。讓人振奮的是，他們的健康和社交行為也有顯著的改善。而這只是改變午餐一餐而已，並沒有改變孩子在家裏的飲食習慣。如果孩子整個的飲食習慣全部改變，又會有多大的變化呢？真讓人期待未來會有同樣大規模、長時間的研究。

改變飲食光在改進健康上就獲益無窮，更別提還可以改善情緒和行為。國內外許多研究都證實，低脂肪、高纖維的飲食可以控制體重、降低膽固醇、預防糖尿病、高血壓、骨質疏鬆症和許多其他情況，當然也可以預防甚至對抗癌症。在美國癌症患者中最廣為人知的是「大型生物飲食法」。其實這種飲食方法就是完全不吃加工食物，改吃全食物（完整而自然的食物），以全穀類、蔬菜、水果和各種豆類、乾果、堅果種子為飲食基礎，少油少鹽，用味噌調味。有些人吃點魚，有些人完全素食。一些研究顯示，接受治療並改成大型生物飲食法的病人，比只接受治療沒有改變飲食的病人可以延長三到十九年壽命。

為什麼採用「大型生物飲食法」的人有些吃魚，有些不吃，問題在污染而不在魚本身。他們認為現在海洋污

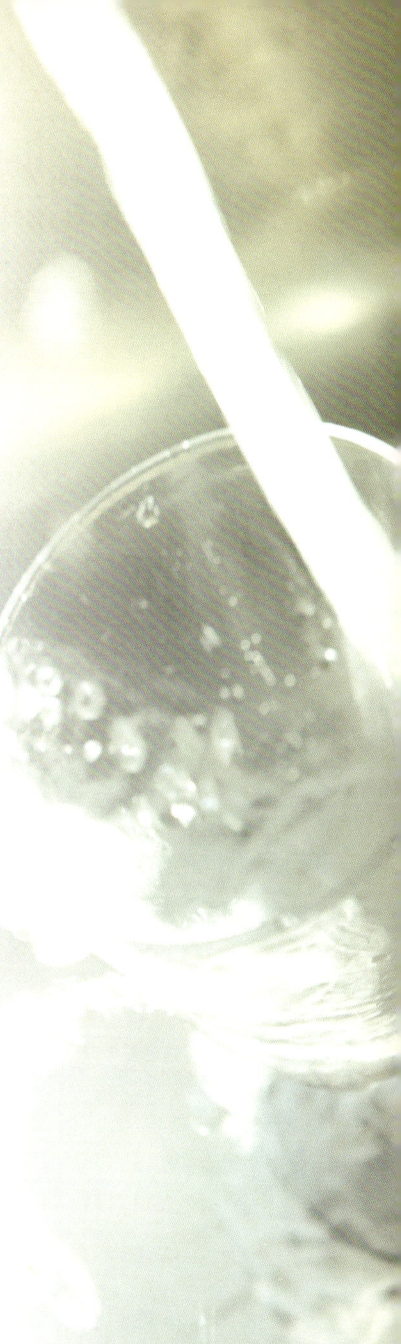

染嚴重，充滿重金屬、細菌和病毒，所以不敢吃。前一陣子新聞報導，由於人類過度捕撈，2050年海洋魚類資源將枯竭，但是污染可能更早就讓我們不再有魚可以吃。就像牛、羊、豬、雞本身也沒有問題，是人們飼養的方法讓它們肉質脂肪過高，同時殘留抗生素和荷爾蒙；再加上大家吃過量，或烹調的方式不健康，才會影響身體健康。

其實類似的飲食法在日本也很流行，他們叫「正食養生法」，原則是「身土不二」(當季當地)，「一物全體」(全食物)，「穀類菜食」(多吃植物)，「陰陽調和」。其中的陰陽調和，也許就是中醫所說的寒熱平衡吧！這又牽涉到體質與季節。也就是體質熱的人多吃寒涼的食物，體質寒的人多吃溫熱的食物。春、夏，天氣熱，多吃可以幫助抒發的蔬菜水果；秋、冬，天氣寒，多吃可以溫熱滋補的穀類、豆類、根莖類。

植物化學素 21世紀的維他命

不論是大型生物飲食法或是正食養生法，這種飲食方法除了低脂高纖之外還有一個好處，那就是蔬果、穀類和豆類除了維生素、礦物質之外，還含有豐富的「植物化學素」(phytochemicals)。最近幾年許多研究紛紛證實，這種植物性食物中的化學成分可以對抗疾病，而且具有多重抗癌效果，它的重要性就好像20世紀初期發現維他命對預防慢性病、維護健康的重要性一樣，所以又被稱為21世紀的維他命。

植物化學素的防癌功效已經證實的

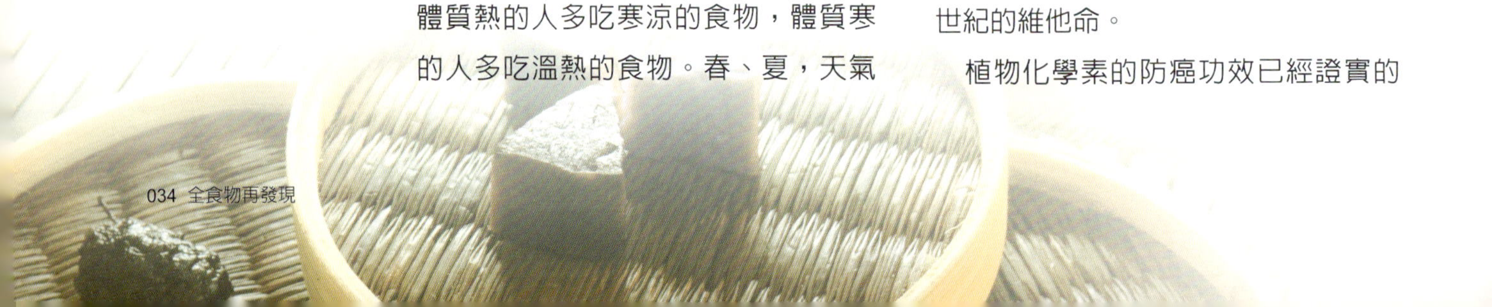

有八種，包括：一、提升免疫力；二、誘導癌細胞良性分化；三、抑制癌血管增生；四、促進癌細胞凋亡；五、抗氧化作用；六、抑制癌細胞訊息傳遞、對抗癌細胞增生；七、含植物性類激素，可以抑制荷爾蒙相關的癌症成長。八、蔬果所含纖維可以降低腸道致癌作用。

這些寶貴的抗癌成分就藏在各種五顏六色的蔬果之中。像番茄中含有大量的茄紅素；紫紅色的葡萄、黑莓、藍莓等含有前花青素和多酚類；橙色的胡蘿蔔、芒果、南瓜等含有類胡蘿蔔素；黃色的香瓜、柳丁、木瓜、橘子含有隱黃素與類黃酮。菠菜、酪梨、含有葉黃素與玉米黃素；綠色的花椰菜、白菜、芥藍菜含有硫配糖體和酸；白色的蒜、大蒜、洋蔥等含有丙烯硫醚。多數的全穀及豆類食物，含有豐富的皂角甘，可以中和腸道中的一些致癌酵素。全穀物中的木質素被證實可以去除血中的自由基。另外黃豆的異黃酮、綠茶的兒茶素、咖哩的薑黃素、深綠色及橙黃色蔬菜中的維生素A、C、E及食物中的鈣、硒，和菇類中的多醣體，都可以防癌。真的是小兵立大功，防癌、抗癌並不需要花大錢，果然驗證了青菜羅蔔比魚翅燕窩營養高。

台灣癌症基金會執行長賴基銘指出，每天吃足蔬果5、7、9份，不僅可以減少癌症發生機會，還可以減少六成中風，減少四成黃斑症，更減少三到七成阿滋海默症（老年癡呆症）。不過賴基銘強調：「天然蔬果才有效」。他不贊成使用維他命等營養補充品，「因為越來越多的研究證實，經過萃取的營養素是無效的」。

所以台灣癌症基金會近年來大力推動「蔬果5、7、9」，也就是學童每天應攝取5份、少女及女性攝取7份、青少年及男性攝取9份蔬果。一份是多少呢？煮熟蔬菜半碗、拳頭般大小的水果，或是200cc的全果汁。最好是每天各種顏色的蔬果全吃到，可能的話，儘量連皮帶子一起吃，因為五顏六色的果皮正是植物化學素最豐富的地方，而種子則含有礦物質和蛋白質，它們都是便宜的靈芝草。

站在預防醫學的角度，每天能攝取30種食物，從六大類食物中選擇，種類愈多，飲食愈均衡。目前沒有研究證實，個別食物或化學物質，能單獨發生抗癌作用，各種營養素共同發揮的綜效才對健康最有好處。事實上，蔬果穀物裡還藏有許多秘密等待人類去發掘。

全食物怎麼吃？

吃什麼很重要，怎麼吃同樣重要。全穀類、蔬菜、水果和各種豆類、乾果、堅果、種子是好食物，但每天要攝取30種，六大類都要吃到，還要蔬果5、7、9，最好是保持全食物狀態，更不要因為錯誤的烹調方式而流失營養、甚至產生毒素，這對忙碌的現代人可真不簡單。怎麼吃最好呢？同樣吃這些便宜的靈芝草，並因此改善自己健康、又幫助很多人恢復健康的安．威格摩爾博士認為：「攪拌」——Blending是最好的方式。

安．威格摩爾博士是美籍立陶宛人，1909年生。她在50歲時得了直腸癌、氣喘、關節炎和偏頭痛等病，一直治不好，最後她改變飲食方式，以新鮮芽菜及蔬果當食物，三年之後，不藥而癒。她活到85歲，始終精力充沛，不停地工作，除了設立好幾個健康中心供病人療養，並且四處推廣自己創立的「living food life style」（國內譯成「生機飲食」），她認為這不僅是一種飲食方式，更是一種生活方式。她在76歲和78歲還兩度來台灣推廣。如果不是遭遇車禍，她認為自己應該能健康的活到120歲。

她在所著作的The Blending Book裏寫到，所有開始嘗試她這套飲食方式的人最常問的問題就是，為什麼所有食物都是攪碎的？她的回答是：這是使食物容易消化吸收又能保存所有營養、最簡單又有效率的方法。她說：「新鮮的蔬菜、水果、全穀類、芽菜、種子、堅果，含有所有能夠對抗疾病的營養，如果把它們充分攪碎，保證能吸收到全部的營養，但是不當的烹調方式卻會破壞營養。」

而且這種方式對生病的人和健康的人都有好處。對病人來說，攪碎的食物很容易消化、吸收，可以減少身體負擔，把省下來的體力花在幫助身體痊癒上。同時生病的人除了所患的疾病之外，多半還伴隨有嚴重的消化問題，所以迫切需要能有效解決營養吸收的辦法，「攪拌」就是最佳解決方案，因為它可以很容易地讓你吸收到所有你需要的完整營養。

如果你沒病，「攪拌」可以讓你一

直保持健康。攪碎了的充滿生機的食物，富含維他命、礦物質、酵素、和其他的營養成分，同時它們又非常容易消化、吸收，能供應更多能量讓你的身體保持在巔峰狀態。

安．威格摩爾博士觀察來到她設的健康中心的學生，這些學生多半都是醫療院所放棄的重病患者，他們有各式各樣不同的病，但相同的是都有嚴重的消化吸收問題。當中心供給他們攪碎了的、富含營養又容易消化的食物，他們的健康都有明顯的改善。

安博士發現一般人在吃飯的時候，很少細嚼慢嚥，甚至是狼吞虎嚥，因此唾液中的澱粉脢往往來不及發揮作用，食物已經吞下肚了，所以當這些食物通過消化道的時候，還沒有消化到能夠完全轉化的狀態，當然其中所含的營養素也無法被身體完全吸收，有些變成廢物排出體外，有些甚至變成毒素積存在體內。長期的不良飲食習慣會導致腸胃系統出問題，而安博士認為「腸胃系統不良的人是絕對不會健康的」。

對這點我深有同感。我認為自己會成為蘇起口中的「藥罐子」，起因就是飲食習慣不良，加上緊張所帶來的精神壓力，使得腸胃出問題導致消化不良，引發各種毛病。後來就是開始喝安博士和雷久南博士推薦的精力湯而改善身體，甚至生下健康的「精力寶寶」。我也用精力湯來照顧全家人的健康，到現在十多年了，我們持續每天早上一杯，除非出國，很少間斷。

安．威格摩爾博士建議少量多餐是最好的飲食方式，「餓了就吃，不餓就不要勉強進食，緊張和憤怒的時候絕對別吃。」論語說：食不言。安博

士也不贊成吃飯的時候交談，她認為談話的內容往往是負面的，那也會形成壓力，跟吃飯所需要的寧靜氣氛不合。雖然把營養的食物攪碎是最容易消化吸收的方式，但是仍然需要嚼食一些固體的食物。安博士自己的經驗是70%攪碎，30%嚼食，我正好相反，是30%攪碎，70%嚼食。不過，正如安博士所說「每個人都有不同的需求，所以每個人都得向自己的身體學習」。

「吃什麼？怎麼吃？」看起來是很個人的事，誰也管不著，很多人自己不關心，也不想讓別人插手。但是「吃得對不對？吃得好不好？」小則影響一個人的健康，中則關係一家人的幸福，大則影響一個國家的競爭力。

去年我在兩個星期之內分別走訪美國和日本，結果在美國舉目望去平均每三、四個人之間，總有一個超級胖哥或胖妹；但是在日本滿街人潮中要找個胖子還不多見。肥胖引起的慢性病，差一點拖垮美國健保，難怪他們要把肥胖列為危害健康的頭號殺手；而日本則以國民平均壽命最長聞名全球。美、日國民的體型和健康有這麼大的差異，跟他們的飲食有絕對密切的關係。

你說，還能不重視吃什麼？怎麼吃嗎？讓我們一起來發掘更多好吃、健康、又方便料理的全食物，讓你吃出健康、吃出美麗、吃出幸福。

疑問解答

十大疑問，Bye-Bye！

很多讀者在改變飲食的實踐中遇到疑難問題，我把共通性的問題解答於下，請大家參考。

Q1 一定要完全吃有機嗎？

精力湯裏生食的芽菜和蔬菜最好是有機的，不過如果可以去皮的，並不一定非得堅持有機。我也會到傳統市場買一些附近農民自種的菜，我特別喜歡一些不需要農藥就可以長得很好的青菜，像地瓜葉、紅鳳菜、空心菜、A菜、韭菜，和川七、山芹菜、山茼蒿等野菜。當季盛產的蔬菜水果農藥也比較少。

Q2 生食安全嗎?

「生機飲食」並不等於「生食」。現代人幾乎不能消化生食，所以生機飲食特別發展了像發芽、發酵、攪拌等使食物易於消化的方式來調理食物，以避免過度烹調破壞食物中的營養。穀類、豆類和一些根莖類當然不能生食，一定要煮熟。但部分蔬果則可以生食，中國菜的涼拌就是一種生食。一些中醫和西醫也都同意，有些食物像蓮藕、紅蘿蔔、山藥、番茄、洋蔥等，生吃和熟食獲得的營養不同，兩種方法輪著吃能吸收更多營養。不過生食一定要注意充分沖洗乾淨，不放心還可以用65°C的溫水川燙一下。

Q3 精力湯太生冷拉肚子？傷胃氣?

我原屬於胃寒體質，曾經有六年時間連冬天也喝涼的蔬果精力湯，也沒有傷胃氣或拉肚子的情形。不過的確有一些讀者有這種反應，可能是胃腸比較衰弱或體質虛寒。建議有這種情況的人早上起床可以先喝一杯

小暑		廿
3 忌 大事不宜	宜 日值月破 **14** 六月 忌 大事不宜	宜 经營 交易 求官 納畜 **1** 初
0 忌 动土 开仓 嫁娶 纳采	宜 除服 疗病 出行 拆卸 **21** 初八 忌 求官 上任 开张 搬家	宜 祈福 祭祀 结亲 开市 **2** 初
7 忌 登高 行船 安床 入宅	宜 祈福 入学 开市 求医 **28** 十五 忌 词讼 安門 移徙	宜 祭祀 求财 签约 嫁娶 **2** 十

150cc~200cc的溫水，先吃點其他食物再喝精力湯，有些人從此就不再有這種情形。寒性體質的人在冬季可以用煮熟的根莖類或五穀雜糧打溫的精力湯，或者加堅果、芝麻、薑片、酵母粉、小麥胚芽粉調節食物的寒熱。如果擔心可以從少量少樣食物開始嘗試，再慢慢增加種類。

Q4 精力湯一定要早餐喝嗎？

其實三餐都可以，只是早餐喝效益最大。早餐影響一天的精力與情緒，需要豐富酵素、維生素，以促進碳水化合物、脂肪、蛋白質的代謝，所以早餐要多吃芽、苗、蔬果、全穀類等多纖、高抗氧化、高酵素的食物。同時，早餐喝杯精力湯能降低血液濃度，使血流通暢，新陳代謝運轉順利。另外晚餐要吃得少，如果太晚進食，可以喝個蔬菜濃湯或豆米漿，以免吃一大堆食物妨礙睡眠。照安·威格摩爾博士的意見少量多餐最好，餓了隨時可以來一杯。

Q5 精力湯、吃蔬果容易餓，怎麼辦？

這類食物本來就比較容易消化，不像油脂肉類會讓你的腸胃工作6、7個小時，讓你有錯誤的飽足感，其實消耗掉很多的體能，所以很多人在吃完豐盛的大餐後都感覺很累。要減少飢餓感，可以把主食改為全穀類，因為有纖維，所以消化比較慢，也比較有飽足感。少量多餐也是一個好方法，既可以穩定血糖的濃度、避免胰島素急速升高，還可以減肥，一舉兩得。方法是早上喝杯精力湯，十點左右吃片全麥土司或水煮蛋，午餐少吃一

點，下午三四點再吃份水果，按時吃晚餐。這種週期性的進食方式可以讓身體知道食物會定時進來，不需要吃過量或太有效率的貯存熱量。

Q6 口味太清淡，實在吃不下，怎麼辦？

一般來說越健康的人，口味越清淡，而且味蕾的記憶只有三週，所以要進行飲食調整只要找三週的空檔，堅持只吃健康的飲食，通常只要11天就可以感受到健康改善，三週以後味蕾也變得更敏銳，就可以分辨出哪些是食物的原味，哪些是人工調味料。堅持一下，千萬別半途而廢。問問自己，你比較愛舌頭，還是整個身體？當然偶而還是可以品嘗一下美食，少量毒素身體是可以代謝得了的，只是別太頻繁。

Q7 飲食調整，該漸進或大調整？

要看個人的情況而定。我們當初開始調整飲食，因為是邊研究邊改變，所以是一項項調整，但因有疾病威脅，所以執行徹底，時間沒有拖得很長。如果你已經生病，建議立即進行大改變，否則效果不明顯。不過最好先徵詢醫師和營養師的意見，譬如腎臟病人是不能喝含鉀量太高的蔬果汁的，雖然含鉀量高的蔬果可以維持細胞的正常功能。另外糖尿病患者也要少吃高升糖指數的蔬果，如鳳梨、香蕉、西瓜。化療期間也要小心生食。

Q8 苜蓿芽有毒嗎？

芽菜是各種作物的幼苗，含有豐富的酵素、維生素、礦物質和蛋白質。苜蓿芽是芽菜的一種，可以降低血液裡的總膽固醇和壞膽固醇含量，也有抗氧化作用。但苜宿芽含有刀豆氨基酸，屬有毒鹼性氨基酸，食用過量會減弱免疫機能，所以芽菜每天最好不要吃超過兩杯的量。事實上長期大量吃任何一種食物都可能有負面效應，所以飲食最重要的原則就是均衡多元。

Q9 讓大豆發芽可以減少大豆的普林嗎？

大豆發芽會產生酵素、維他命，同時讓種子內不易分解的礦物質及微量元素變得容易消化。不過若要吃的是豆而不是芽，只要把種子泡到發脹、撐破種皮就可以了，真的長出芽來有時反而會有「臭青」味。夏天泡四、五個鐘頭，冬天泡七、八個鐘頭，如果怕泡餿了，也可以放冰箱底層，泡十二個小時，中間要記得換水。

一般尿酸過高的人，不要一次吃太多，或同時吃下好幾樣高普林（如內臟、豆苗、蘆筍、酵母及部份魚貝類）的食物。 但過量的蛋白質也會使體內自行合成的普林增加，所以有時候更該注意是不是蛋白質尤其是紅肉吃的量太多了。

Q10 喝精力湯容易脹氣？

有些人的腸胃系統比較弱，會有這種現象。只要注意不要牛飲，小口小口喝，同時在口裏咀嚼一下，讓精力湯跟唾液充分混合，再慢慢喝下，這樣就可以避免脹氣，還可以讓味蕾品嚐到精力湯更豐富的滋味。

我的好幫手

我最常被問到的問題之一就是水。水佔身體的70%，大家都希望喝到好水，很多朋友問我使用哪一種水機？該如何挑選？經過這兩年的研究以及和專家討論，我認為水機最重要是能去除家庭管線和水塔裏的雜質、細菌，去除氯以及其他化學物質和重金屬殘留，保留礦物質，並且讓水分子保持有序化的動能，也就是把大的水分子團變小，其實這就是仿效大自然最潔淨天然的礦泉型態。這款水機就是朝這個方向設計的，它有七根濾管，除了潔淨，礦物質含量也很豐富，最特別的是它的濾管外殼是奈米竹炭製成的，比一般塑膠外殼更多了一份安全與效果，不僅可以生飲，口感也很甘甜。

很多朋友也常問我清洗蔬果的問題，其實這個問題也困擾我很久。我試過很多方法，包括用鹽泡和臭氧機，結果行政院農委會的實驗數據顯示，這些方法都不能完全清除蔬果中殘存的農藥。我請教一位教授，她推薦我使用「橘寶」，這是用食品級的橘子油為基底調製而成的，不僅無毒、低殘留，而且可以完全生物分解。把它稀釋20～50倍用來清洗不去皮的果菜類，再用清水沖洗乾淨，比單純用水沖洗更容易去除表面上的污染物，不過系統性也就是滲入型的農藥就沒辦法了。葉菜類不建議使用橘寶，還是先泡一下水，再用手或軟毛刷洗，最後以流動的水沖洗。

不少朋友希望喝精力湯的時候也能補充蛋白質，但又嫌泡黃豆麻煩；也有些讀者希望找到容易消化吸收的蛋白質來源；或者正在病中，需要比較

豐富的蛋白質，因此求助於我。其實我自己也有同樣的問題。我懷女兒的時候，醫生發現我白蛋

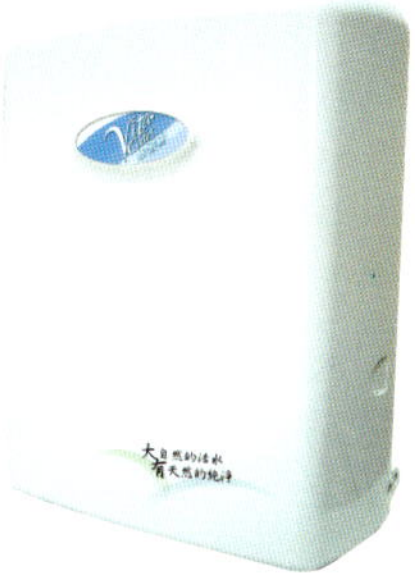

白不足，還笑我說：「現在怎麼還會有人營養不良！」並且規定我每餐都得吃肉。後來我才知道，不是我吃得不夠，而是我白蛋白合成功能不佳。現在有新的科技能把優質的大豆蛋白胜肽化，讓它的分子變小，不需要經

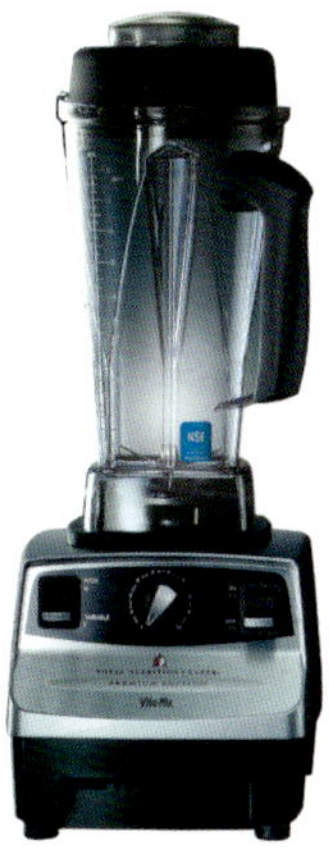

過肝腎就能消化吸收，還有調整生理功能的效果。我試用了一段時間，覺得精神體力更好。

安・威格摩爾博士在The Blending Book這本書裏特別提醒，攪拌不是榨汁或打成果汁，攪拌是把全食物包括果皮、果肉、種子全部快速的打碎成泥，也就是一定要保留膳食纖維，因為膳食纖維對維護消化系統非常重要，同時這樣也才能把全食物的營養全部保留下來。她說：「維他美仕（Vita-Mix）調理機是我用過最好的調理機。」跟我的選擇一樣，讓我覺得很放心。這款我用了12年的調理機，最近推出豪華機型，配備更優，更有時尚感。（http://www.diet-u.com.tw）

我另一個用了十多年的工具是大同電鍋，好用又耐用。我用它來煮五穀飯、煮黃豆、蒸菜和魚、燉湯、蒸糕點、既不用看時間，也不用擔心火候，還可以一面煮飯一面蒸菜。

升級計劃

早　餐　篇

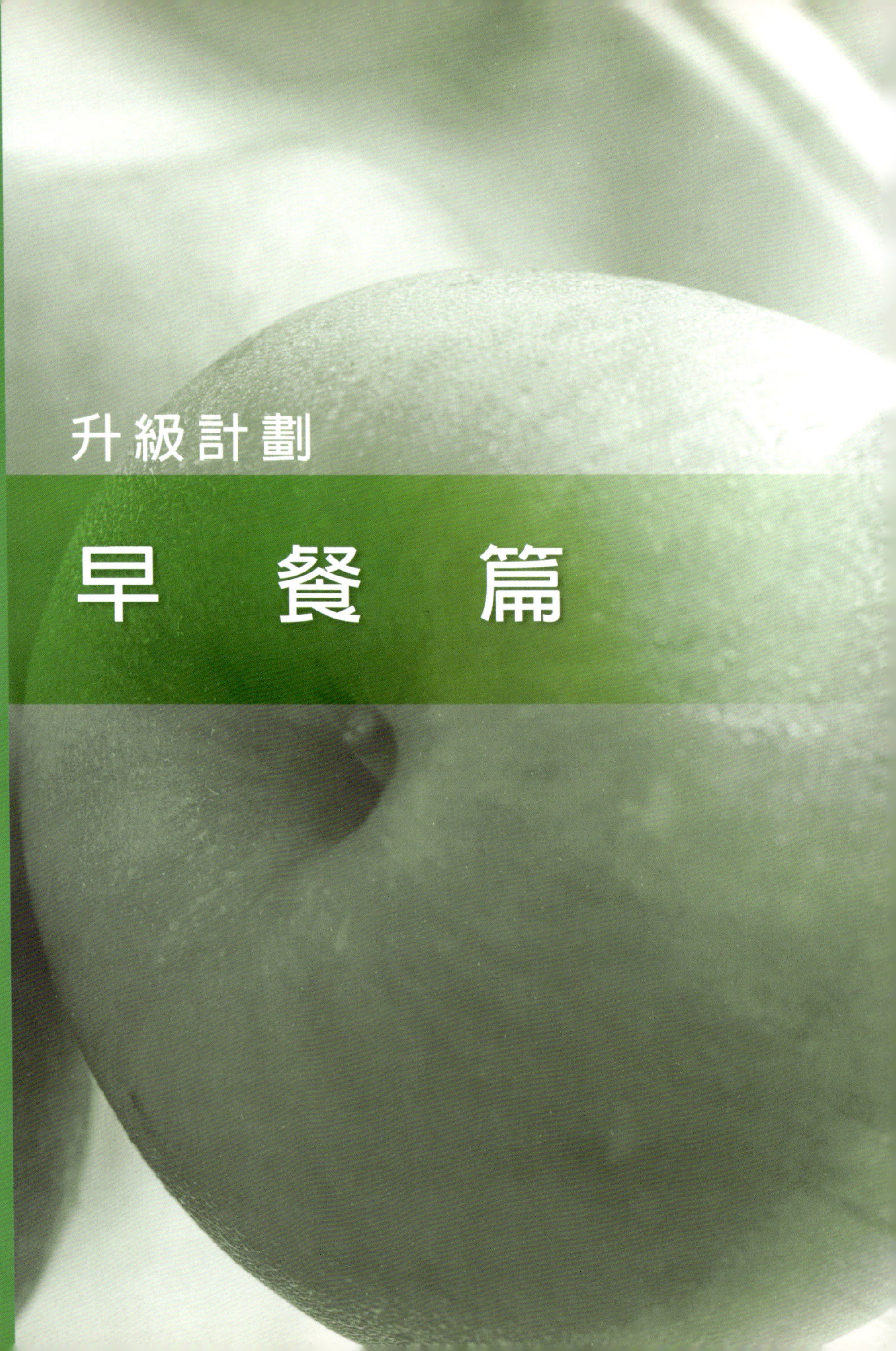

早餐是一天中最重要的一餐，最好在起床一個小時內吃。

穀類、蛋白質和脂肪都均衡攝取，這樣就不會老是想吃而飲食過量，也能讓頭腦和情緒都保持在最佳狀態。

含有完整營養的精力湯是很好的選擇，也是我照顧全家人健康的法寶。

經過不斷研究改進，我把精力湯變多了，還要介紹給您營養最豐富完整的「超級精力湯」。

喝精力湯的**升級撇步**：配合季節和體型作調整

撇步1 春夏多喝清涼的蔬果精力湯，秋冬多喝溫熱的穀類、豆類和根莖類的精力湯。

撇步2 體型中廣的「大腹翁」，通常熱量過剩、血壓、血脂比較高，屬於熱的體質，可以多喝蔬果精力湯。

撇步3 小腹比較突出的「小腹婆」，通常新陳代謝比較差，手腳冰冷、血壓低，可以多吃溫熱的精力湯。

撇步4 一般人最好每天可以喝不同顏色的精力湯，吸收不同的營養化學素，一個星期正好組成彩虹。或者早上喝蔬果精力湯，幫助大腸排泄，晚上喝溫熱的精力湯，補充體力。或者配合季節，春天養肝，多喝綠色的蔬果汁；夏天養心和脾，多喝紅色以及黃色的蔬果汁；秋天養肺，多喝白色精力湯；冬天養腎，多喝黑色精力湯。

升級計劃

準　備　篇

精力湯是指由蔬菜、水果、芽菜、堅果、種子，經過充分攪拌而成的全蔬果汁，富含酵素、維他命、礦物質，屬於低脂、低蛋白的飲食，符合現代人低熱量、高營養的需求。

如果搭配全穀類和全豆類營養會更完整，還可以加進如白木耳等菇菌類，或海珊瑚等海藻類，真正成為「全營養的全食物」。

所以在這本書，我把精力湯的範圍擴大了，只要是由這些「平價的靈芝草」混合打成的果汁或奶漿，都稱為精力湯。

你準備的材料可包括：

（1）**芽菜類**：如苜蓿芽、綠豆芽、豌豆苗、蕎麥苗、青花芽苗..等，任選1—3種	
（2）**蔬菜類**：如萵苣、高麗菜、胡蘿蔔、番茄、南瓜、蓮藕、苦瓜....等	
（3）**水果類**：如柑橘、柳橙、蘋果、奇異果、鳳梨、香蕉....等，任選1-3種	
（4）**堅果類**：南瓜子、松子、核桃、葵瓜子、杏仁、腰果....等（混合的最好）	
（5）**乾果類**：如葡萄乾、藍莓、蔓越莓....等	
（6）**全穀類**：如糙米、小米、燕麥、蕎麥、黑糯米、薏仁等煮成的五穀米飯	
（7）**全豆類**：如黃豆、紅豆、黑豆....等	
（8）**海藻類**：如海帶芽、海珊瑚、紅海藻，含有豐富的礦物質與微量元素	
（9）**菇菌類**：如白木耳，含多醣體，和微量元素	
（10）**其他營養補充品，如小麥胚芽（維生素E）、大豆胜肽（優質蛋白質）、啤酒酵母（維生素B群）、亞麻仁籽（omega-3脂肪酸）**	

其實蔬菜水果家裡隨時都有，其他的也不一定要一次買齊，先從常用的芽菜類、堅果類或五穀類和豆類開始，跑一趟生機飲食店就行了。一次不要買太多量，可以一盒盒或一罐罐放在冰箱裡，要用再拿出來。這樣就比較容易達成每天吃到六大類、30種食物的目標。

五穀飯和黃豆一次可以準備多一點的份量，煮熟後放進冷凍櫃保存。水果麻煩的如鳳梨可以先切好，不用太擔心營養流失，一項研究顯示像鳳梨、西瓜、芒果、香瓜等水果，在切開後即使放在冰箱七天之久，還是保存大量維生素，不輸完整未切的狀態。

同時冰箱裡如果塞滿新鮮的蔬菜、水果、堅果、乾果，一打開冰箱隨時可以吃到優質的食物，就不會胡亂用垃圾食品來填飽肚子，這些也是比較好的零嘴。

準備好了嗎？開始動手吧！

紅粉佳人

作法

將苜蓿芽、豌豆苗、堅果、鳳梨、蘋果、甜菜根、大豆胜肽及冷開水置入容杯打勻即可。

營養

1. 甜菜根含有豐富的鉀、磷和天然紅色維他命B12及鐵質，是婦女與素食者補血的最佳食物。同時甜菜根中的甜菜鹼，有降血脂與保肝作用，可以協助肝臟細胞再生與解毒。補血保肝，皮膚當然美美的，所以取名紅粉佳人。
2. 芽菜就是「發芽的種籽」，在發芽過程中，原來儲存在種籽中的蛋白質、脂肪與澱粉類，會轉化為維生素、礦物質、胺基酸與簡單醣類，更方便人體消化吸收。
3. 這杯精力湯有水果、芽苗和堅果，營養相當均衡，再加點全穀類，如燕麥糕、五穀飯糰或堅果饅頭、土司，就是完美的早餐。

叮嚀

1. 芽菜早在五千年前就被人類當作食物，它生長期短、容易栽培，不需要農藥、化肥，健康又安全，但食用前還是要洗乾淨，如果擔心生菌數，可以用溫開水川燙一下。
2. 我近來調理蔬果汁，有時會加入優質蛋白質大豆胜肽。很多人希望喝蔬果精力湯時也能補充蛋白質，所以我特別設計加入大豆胜 肽，或大豆蛋白，當然，你可依個人喜好選擇加或不加大豆胜 肽，這本書的各道食譜提到的大豆胜 肽，都是視個人的選擇加或不加。

材料：

（以三人份為標準參考）

1.豌豆苗30g

2.苜蓿芽30g

3.甜菜根60g

4.鳳梨150g

5.蘋果1個（約170g）

6. 堅果10g

7.大豆胜肽3大匙

8.冷開水540cc

特調精力湯

作法

1.將鳳梨洗淨去皮切塊備用，蘋果洗淨切塊備用。
2.有機高麗菜、小松菜洗淨備用。
3.將芽苗、高麗菜、小松菜、鳳梨、蘋果、堅果、大豆胜肽依序放入全營養調理機內，加入350cc的水，啓動調理機打勻。

材料：

（以三人份為標準參考）

1.鳳梨140g
2.蘋果140g
3.高麗菜25g
4.小松菜40g
5.芽苗10g
6.堅果10g
7.大豆胜肽3大匙
8.水350cc

營養

1.鳳梨含豐富的醣類、有機酸及特殊的芳香油質，果肉含鳳梨酵素，能分解肉類蛋白質，幫助消化吸收，還有清熱解渴、解酒、降血壓，抗癌等功效。

2.小松菜含有胡蘿蔔素可以保眼，它也是鈣質含量最高的蔬菜，相當於菠菜的5倍。鈣可以預防骨骼疏鬆、舒緩鎮定神經，也是構成牙齒與骨骼的主要成分。

3.高麗菜又稱甘藍菜，被稱為廚房的天然胃藥，因為它的維生素 K1、U 含有抗潰瘍因子，能修復體內受傷組織，可以預防和改善胃潰瘍及十二指腸潰瘍。另外它含有高單位的維他命 k 及纖維質，熱量低，容易有飽足感，最適合用來當減肥食物。維生素 U 還有解毒的功效，可以改善肝機能並減輕宿醉。

4.堅果含有豐富的蛋白質和礦物質，同時含有人體必須的脂肪酸，可以降低膽固醇，減少心臟病的危險。

5.所以這道精力湯可以說對眼睛、牙齒、骨骼、心、肝、腸、胃和情緒都有幫助。

桑椹葡萄汁

作法

將葡萄、桑椹汁、紫高麗、大豆胜肽、冰塊及冷開水依序置入調理機容杯內打勻即可。

營養

1. 葡萄和含有豐富的維他命、胡蘿蔔素、菸鹼酸等有機成分；還含有鈣、磷、鐵、鉀、鈉、鎂、錳等礦物質。葡萄皮更是寶，含有豐富的白藜蘆醇，能預防心腦血管疾病，還具有極強的抗癌能力。紫葡萄皮還含有一種能夠降低血壓的黃酮類物質，可以防止動脈粥樣硬化。葡萄籽含有95%花青素是所有植物的冠軍。花青素也是血管的守護神，它還可以保護肌膚，並具有抗過敏的作用。
2. 桑椹跟葡萄都是莓類水果，同列國內抗氧化水果王。桑椹可緩解消化道慢性疾病如慢性胃炎、慢性肝炎，也是血液的清道夫，還有補血功效。
3. 紫高麗也含有豐富的花青素和鐵質，所謂抗氧化就是抗老化。這道果汁能美膚、補血、抗癌、預防心血管疾病，再搭配容易消化吸收的優質蛋白質，是疲倦、體弱時最好的營養補充品，也是最佳的下午茶。

叮嚀

1. 葡萄農藥較多，要買有機或套袋的。葡萄最好用剪刀剪下，以避免傷害果皮，易於保存。
2. 桑椹生長季節短，所以通常使用有機桑椹原汁或蜜餞，可以選含糖量較低的。

材料：

（以三人份為標準參考）

1.葡萄300g

2.桑椹汁1/4杯

3.大豆胜肽1大匙

4.冰塊0.5杯

5.冷開水1杯（約180cc）

6.紫高麗15g

柳橙蘋果汁

作法

1. 將柳丁去皮、去籽。
2. 將柳丁、蘋果、冷開水置入調理機容杯，蓋緊蓋子，打勻即可。

對象

適合全家大小。

營養

1. 柳丁含有豐富的營養如醣類、有機酸、菸鹼酸、維生素B群和維生素C。柳丁還有類黃酮素可以抗發炎、抗病毒、預防骨質疏鬆。
2. 柳丁白色的「中果皮」含有大量果膠，可以穩定血糖，降低膽固醇，一定要保留。柳丁果肉中維他命C含量最高，所以要喝全柳丁汁而不是一般不含果肉纖維的榨汁，才能吸收最多的營養。我常用打得濃濃稠稠的全柳丁汁來預防感冒，很有效。

叮嚀

蘋果含有豐富的果膠，可以健胃整腸，防止便秘或腹瀉。一顆蘋果有389種植物化學素，難怪西方有一句諺語說，天天一個蘋果，醫生遠離我，不過削掉皮就損失了很多。你可以買有機蘋果。進口蘋果會打臘，那是食用臘，可以泡在蔬果清潔液中清洗再用軟毛刷刷去臘。比較擔心的反而是保鮮和防腐處理過程中所使用的殺菌劑。另外蘋果籽含鉀和維他命B17，也別浪費了。

材料：

（以三人份為標準參考）

1. 柳丁3顆（約330g）
2. 蘋果170g（約170g）
3. 開水350cc

番茄降壓汁

作法

1. 將番茄洗淨切塊備用，山藥、牛蒡洗淨去皮切塊備用
2. 將番茄、山藥、牛蒡依序放入調理機內加水打勻即可。

營養

1. 有一句廣告詞說：番茄紅了，醫生的臉就綠了。番茄內含茄紅素和微量元素硒，可以抗氧化，消除自由基，減少癌症發生的機率，其中以乳癌的效果最顯著。同時它還含有高量的維生素 C ，可以養顏美容、預防感冒、壞血症、牙齦出血。生吃可以保留較多的維他命C。
2. 番茄中還含有維生素P和鉀可以預防高血壓。它還可以淨化血液，有助於清除人體的毒素，例如尿酸等。山藥對於輕、中度糖尿病的消渴症及高血壓患者，也有相當大的幫助。牛蒡富含高單位的鈣、磷、鐵、維他命B、維他命C等營養成份及高量的纖維質和菊糖(Inulin)，有調整腸道、軟化糞便功能，防止便秘。所以這道精力湯是設計給尿酸、血壓或血糖較高、不喜歡吃較甜水果的讀者的。
3. 消基會曾調查市面上24種番茄汁，發現鈉含量和熱量都過高，所以還是自己現打的好。番茄也可以和芹菜、甜菜、紅蘿蔔等一起打汁。

材料：

（以三人份為標準參考）

1.番茄250g

2.山藥40g

3.牛蒡40g

4.冷開水350cc

叮嚀

番茄調理之前可以用熱水燙一下，比較放心，也可以多吸收一些茄紅素，但千萬別剝皮。

金線連精力湯

作法

1. 將新鮮金線連洗淨備用；鳳梨洗淨去皮切塊備用；蘋果洗淨備用。
2. 將新鮮金線連、鳳梨、蘋果、大豆胜肽依序放入調理機內，加入350cc開水打勻。

營養

1. 金線連自古以來就被當成延年益壽、滋補養生的珍貴藥材，而有藥王之稱。它所含的氨基酸及抗衰老活性微量元素不亞於國產和野生西洋蔘。中央研究院、國科會都曾發表科學研究肯定金線連預防癌症、糖尿病、動脈硬化、保護肝腎臟的效益，它也能改善因肝機能不好所引起之青春痘、黑斑、雀斑等皮膚症狀。
2. 蘋果和鳳梨都具有清除體內廢物、毒素、抗癌、保護消化系統等功能，再加上屬於優質蛋白質的大豆胜肽，可以增強抵抗力、改善體質，發揮更大的協同作用。

叮嚀

1. 野生的金線連越來越少，現在以人工栽培的多，不過由於生長緩慢，價格很高。購買來的金線連宜保持乾燥，並以塑膠袋打結封口，放在冰箱下層蔬果存放櫃，要吃多少拿多少出來。
2. 金線連根莖葉都可以吃，整株浸在水中十分鐘後，用水沖洗即可食用，切記根不要摘除!
3. 我會嘗試金線連是受台北醫學院鄭可大教授影響，他曾經研究過金線連，發現效果很不錯，而且可以幫助一些原住民朋友增加收入。由於金線蓮不便宜，我只試用了半公斤，發現淨化消化系統的功效真的很好。

材料：

（以三人份為標準參考）

1. 新鮮金線連8g（約每人4小棵）
2. 鳳梨150g
3. 蘋果200g
4. 大豆胜肽3大匙
5. 開水350cc

芋頭五穀鹹粥

作法

1. 將蒸熟的芋頭、竹鹽、熱開水依序放入容杯中打 1 分鐘，做為鹹粥的湯底。
2. 將五穀飯和蘿蔔乾加入湯底中，放入調理機切碎，將調理好的粥倒入器皿中就完成。

材料：

1.蒸熟芋頭

2.蘿蔔乾

3.五穀飯1米杯

4.熱開水600cc

5.竹鹽少許

營養

1. 糙米、小米、燕麥、蕎麥、黑糯米、薏仁等五穀雜糧，富含醣類、蛋白質、維生素B群和纖維，同時也含有許多植物性營養素，像多酚、植物性雌激素，和各種礦物質，是我們熱量和精力的來源，所以被列為主食。它們含有豐富的纖維能降血壓、降血脂、降血糖。因為是低升糖食物，所以不會讓我們血糖起起伏伏，糖尿病患者尤其應該少吃精製澱粉，改吃五穀雜糧。
2. 芋頭含有醣類、膳食纖維、維生素B群、鉀、鈣、鋅以及多種維生素，其中以膳食纖維和鉀含量最多。芋頭所含的膳食纖維大約米飯的四倍，跟許多蔬菜不相上下，可以說是澱粉類的蔬菜。芋頭所含的鉀也很高，常吃芋頭可以幫助身體排出多餘的鈉，並降低血壓。芋頭也含有豐富的氟，有抑制細胞異常增生和護齒作用。很多人誤以為芋頭熱量比米飯高，事實上芋頭熱量只有米飯的九成，有時用芋頭當主食，三餐可以多些變化。

叮嚀

1. 寒冷的天早上吃碗粥，熱呼呼的，全身都舒暢。可是早上起來熬粥，尤其是五穀粥，時間真的來不及，所以趁週末煮好一大鍋五穀飯，冷凍起來，臨睡前把芋頭放進電鍋裏蒸熟，早上起來取出材料，不到五分鐘就可以喝到好喝又營養的粥了。
2. 這是特別為忙碌的職業婦女和上班族所設計的養生粥。不少讀者反應希望食譜多一點鹹味的精力湯，這就是一道。除了蘿蔔乾還可以加別的食材。

翡翠燕窩

材料：

（以三人份為標準參考）

1. 泡水海珊瑚40g
2. 熟毛豆150g
3. 味噌2大匙
4. 熱水600cc

作法

1. 海珊瑚洗淨泡水約1小時備用。
2. 毛豆洗淨蒸熟備用。
3. 將海珊瑚、熟毛豆放入調理機內加入熱水打勻。再放入味噌打勻即可。

營養

1. 毛豆就是還沒成熟的大豆，毛豆成熟後曬乾，就是大豆，所以毛豆跟大豆一樣含有8種人類必需胺基酸，具有完全蛋白質，同時也含有豐富的植物雌激素—異黃酮，可防止鈣質流失，預防骨質疏鬆症及緩和女性更年期障礙。
2. 海珊瑚又名「珊瑚草」或「麒麟菜」，是一種海藻，可預防骨質疏鬆，也是美膚養顏聖品，又稱為海燕窩。常吃海藻類可以補充礦物質，也可調整身體酸鹼值。
3. 味噌由天然穀類米、豆、麥釀造而成，在生產過程中會產生活性酵素。味噌還可以排除身體的輻射污染，經常與電視、電腦為伍的人，每天可以吃一些味噌料理。

叮嚀

1. 珊瑚草在生機飲食店或南北貨店，都可買到。處理方法是清洗後，加入少許檸檬汁浸泡，因產地和品種不同，粗細也有不同，所以浸泡的時間也不盡相同。若有膠質出現可多換幾次水，為讓珊瑚草快速膨漲，建議水量越多越好。泡開後須冷藏保存。
2. 味噌要最後放，以免損失風味和營養。也可以用白木耳取代珊瑚草做這道翡翠燕窩。

南瓜柳橙豆漿

材料：

1. 蒸熟的南瓜50g
2. 煮熟的黃豆1米杯
3. 柳丁1顆（約330g）
4. 熱500cc水（約50℃）

作法

1. 將有機黃豆洗淨，用濾過乾淨的水浸泡黃豆（水要淹過黃豆），約5～7個小時，使其活化。
2. 浸泡好的黃豆放入電鍋內鍋蒸熟（外鍋放2杯水）。
3. 將南瓜用刷子洗淨，連皮帶籽切成4塊，放入電鍋內鍋，外鍋放1杯水蒸熟。
4. 柳丁去皮、去籽。
5. 將蒸熟的南瓜、煮熟的黃豆及熱水依序放入調理機打，再將柳丁放入一起打即可。

營養

1. 南瓜含有豐富的類胡蘿蔔素，如α胡蘿蔔素、β胡蘿蔔素、茄紅素、葉黃素等，還有維生素C、E和鉀、鎂等礦物質，纖維含量高，熱量卻很低，所以被推崇為超級營養食物。連皮帶籽吃當然營養更加倍。皮有多酚，可以預防老人癡呆症，籽有南瓜子素可以預防攝護腺腫大，還含有鋅，可以增加活力，真是從裏到外都是寶。
2. 大豆含有豐富的植物性蛋白，而且富含維生素、葉酸，礦物質鎂、鉀硒和膳食纖維，不僅低脂肪，還含有人體必須的omega-3脂肪酸，同時它更含有豐富的植物性雌激素，所以常吃大豆不僅可以預防癌症、心血管疾病，還可以紓解更年期症狀，防止骨質疏鬆，難怪有句話說：要長壽吃大豆。
3. 柳橙的營養在前面介紹過了，這三樣超級食物加在一起，共同發揮協同作用，可以想像它的營養價值，就像進行超級營養素雞尾酒療法，而且純天然。

紫薯豆漿

作法

將蒸熟黃豆、蒸熟紫蕃薯、桑椹蜜餞放入調理機內，加入600cc的熱水，打匀即可。

營養

1. 紫番薯過去少見，近年才從日本引進並培育成功，它除了一般番薯所具有的營養成分外，還含有豐富的花青素。花青素是強力抗氧化劑，可以抑制誘癌物質的產生，並減少基因突變。紫番薯的味道比紅心或黃心番薯略香甜，不過比較不普及，不是常常能買到。
2. 動物性蛋白質脂肪含量高，還有抗生素、荷爾蒙殘留的問題，所以營養學家建議，每天至少攝取15克的黃豆蛋白。有研究報告顯示，每天攝取少量豆漿的人，如半杯豆子磨成的豆漿，比偶而吃點黃豆的人，防癌效果更佳。因此我特別設計豆漿內加蔬果，或蔬果汁內加大豆胜 肽，讓精力湯營養更完整平衡。
3. 桑椹也因為花青素含量高，被列為抗氧化第一名的水果。植物化學素中有八種抗癌功能，大豆有其中七種。番薯被認為是抗癌第一名的食物，它含有豐富的維他命C，就算煮熟了也不會被破壞。這三者組合在一起，這杯應該叫強力抗癌抗衰老精力湯。

叮嚀

吃番薯也有缺點，那就是吃下去後容易「排氣」，所以一次不要吃太多，同時吃的時候可以加點鹽巴，避免體內產生脹氣而不舒服。

材料：

（以三人份為標準參考）

1. 蒸熟黃豆1.5米杯
2. 蒸熟紫蕃薯30g
3. 桑椹蜜餞20g
4. 熱水600cc

燕麥高鈣奶漿

作法

1. 將燕麥粒洗淨、浸泡3個小時後、瀝乾，加入1.2倍的水放入電鍋煮熟，外鍋放2 杯水。
2. 將煮熟的燕麥飯、黑白芝麻與水及原色冰糖依序置入容杯打勻即可。

營養

1. 燕麥的營養在全穀類中排名第一，它的蛋白質是糙米的兩倍，又含有豐富的維生素B群和E，另外多酚類、植物雌激素等植物化學素含量也很豐富，同時它熱量很低，又擁有豐富的可溶性纖維，可以說是減肥聖品，也是物美價廉的大衆化食物。
2. 芝麻含有豐富的維生素B群，尤其人體內如果缺乏B1，會導致碳水化合物的代謝不完全，人也會發胖，常吃芝麻可避免。黑芝麻是真正高鈣的食物，比同量菠菜所含的鐵多三倍。芝麻還可強化血管，降低血液中的膽固醇。尤其含有豐富的亞麻油酸，是人體不可缺少的必需脂肪酸，缺乏就會讓體內某些荷爾蒙無法正常地製造。

叮嚀

1. 芝麻如果儲存不當，反而會讓脂肪氧化劣變，產生自由基，最好放冰箱冷藏，同時，要吃的時候再打，才不會影響營養與風味。
2. 為求方便，可一次浸泡、煮熟約二星期的燕麥用量，再按每次份量，分裝小袋或小盒放冰箱冷凍備用。

材料：

（以三人份為標準參考）

1. 燕麥飯1米杯
2. 黑白芝麻共0.5米杯
3. 原色冰糖1大匙
4. 冷開水3米杯（冬天可以改成熱開水3米杯）

芝麻核桃糊

作法

將黑芝麻粒、核桃、煮熟的飯、熱水及原色冰糖依序放入調理機打勻即可。

營養

1. 核桃也是堅果類，除了含有高度濃縮的蛋白質，還是一個礦物質寶庫，並且含有豐富的植物化學素如多酚，經常食用堅果可以降低罹患心臟病的危險，還可以預防一些慢性病。核桃被選為堅果類食物的大哥大，是因為它含有豐富的植物性omega-3脂肪酸。有文獻提出，憂鬱症患者體內omega-3脂肪酸濃度低於正常值，在動物實驗中發現，膳食中omega-3脂肪酸在腦中作用，非常類似抗憂鬱藥物，可阻斷腦中神經傳導路徑，增加血清素（serotonin）的生成，而血清素有助於情緒的鎮定和焦慮的解除。其他含有omega-3脂肪酸的食物還有，小麥胚芽、菜籽油、黃豆、黃豆油和亞麻仁仔。
2. 糙米的B1比芝麻還多。糙米和芝麻蛋白質含量也很豐富，同時富含纖維，潤腸通便效果非常好。另外芝麻的菸鹼酸也可以促進神經安定，所以這道精力湯可以讓你有好心情，遠離憂鬱，也有好體力，精力充沛。

叮嚀

1. 堅果類比較燥，熱性體質的人不要吃太多。堅果油脂高，每天每人不要超過30克或一大湯匙。
2. 傍晚四、五點是一天中最疲勞的時刻，這時喝杯芝麻核桃糊，不僅可以補充血糖，而且補腎，因為芝麻色黑、入腎，傍晚正是腎經留注時刻。

材料：

（以三人份為標準參考）

1. 黑芝麻粒半米杯
2. 核桃半米杯
3. 煮熟的糙米飯半米杯
4. 熱水2米杯
5. 原色冰糖1大匙

棗泥核桃露

作法

1. 將紅棗洗淨，去籽，備用。
2. 將半米杯的核桃、1.5米杯去籽的紅棗、1米杯的糙米飯、腰果及溫開水依序放入調理機打勻。
3. 再將半米杯的核桃放入調理機容杯中，將核桃切碎至細顆粒狀。
4. 將打好的奶漿放入調理器皿中，放瓦斯爐上煮滾即可。

材料：

1. 核桃1米杯
2. 紅棗（蒸熟）1.5米杯
3. 糙米飯1米杯
4. 溫開水300cc
5. 腰果15克

營養

1. 紅棗內含有三帖類化合物的成分，可以抑制肝炎病毒的活性，提高體內單核—吞噬細胞系統的吞噬功能，有保護肝臟，增強體力的作用。同時，紅棗能使血中含氧量增強、滋養全身細胞，能補氣、養血、安神，是一種溫和的補品。
2. 核桃含有豐富亞麻酸，有利于預防心血管疾病、痛經、癌症、骨質疏鬆；青少年補充亞麻酸，對大腦和視力的發育也非常好；再加上紅棗保護肝臟、補血養顏的功效，特別適合青少年、婦女和B肝帶原者。

叮嚀

1. 紅棗最好自行去籽，有些無籽紅棗事先經過泡水處理，營養風味稍差。
2. 核桃保留半杯用調節鈕切碎，可以增添口感，不喜歡咀嚼碎粒的，可以全部打成糊狀。

溫補精力湯

作法

1. 將泡好的海珊瑚蒸熟備用（處理方法前面已述）。
2. 紅棗洗淨去籽，蒸熟備用。
3. 將蒸熟的海珊瑚、紅棗，及粉光蔘放入全營養調理機內加入500cc的水打勻即可。

營養

1. 海珊瑚的鈣質是小魚乾的37倍、鐵質是豬肝的28倍、膠質是燕窩的10倍，所以又被稱為「海底燕窩」。它還含有豐富的天然植物膠，屬低熱量高纖維的鹼性食品，對養顏美膚、骨質疏鬆及貧血有改善的作用。
2. 粉光蔘又稱西洋蔘，含有多種人蔘皂甘、多醣、多種氨基酸及10種以上的微量元素等營養成分，可防癌、抗癌、調整體質、增強免疫機能、幫助生長發育、抗衰老等，性涼味甘，清潤而不燥熱，男女老少都適宜。
3. 再加上紅棗安神補血，保護肝臟，所以這杯精力湯能迅速恢復體力和精神疲勞，適合勞心勞力及長期生活緊張的人，舒緩情緒，補充體力。

材料：

（以三人份為標準參考）

1. 海珊瑚40g
2. 去籽紅棗10粒
3. 粉光蔘20g
4. 水500cc

超級精力湯

作法

1.將蔬菜、芽苗洗淨備用。

2.蘋果洗淨備用。

3.將以上食材放入調理機內加入水打勻即可。

營養

1.超級精力湯顧名思義就是營養豐富、組合完整，它包括：主食類（五穀飯、燕麥、薏仁、番薯、芋頭）、蛋白質（豆類、大豆胜肽）、蔬菜（生熟皆可）、水果，其他營養補充品（亞麻仁籽，小麥胚芽，啤酒酵母）。個人可以隨喜好和口味，自己調配食材。

2.亞麻仁籽是植物中omega-3脂肪酸的最佳來源，也是木植素的主要來源，木植素是植物雌激素，會影響體內雌激素的平衡，可以預防乳癌。不過亞麻仁籽一定要磨成粉末，才能被人體吸收，不過它的油脂很快就會變質，所以最好要吃前才磨成粉。加在精力湯裏食用是最好的方式。

對象

這杯精力湯是設計給癌症、慢性疾病患者，或者想在一杯精力湯內補充完整營養的人，所以它以營養取勝，但口味也不錯。

叮嚀

前述所有的精力湯都適合全家大小（小孩一歲半以上），不過腎臟病患者最好諮詢醫生或營養師，糖尿病患者要注意含糖比例。

材料：

（以三人份為標準參考）

1.美生菜20g

2.芽苗10g

3.蘋果100g

4.鳳梨80g

5.五穀飯0.5米杯

6.大豆胜肽3大匙

7.海帶芽1茶匙

8.亞麻仁籽1大匙

9.堅果1大匙

10.溫水500cc

早餐最好有蔬果、還要有穀類和蛋白質。所以喝完了精力湯，可以再來點主食，不要怕吃太多，因為你有一整天的時間消化代謝。

升級計劃

早餐主食的搭配建議

如果不想一下子吃這麼多，
也可以少量多餐，始終維
持充沛的精力。

香椿拌飯

作法

1. 素火腿切小丁備用。
2. 青椒及紅黃椒洗淨切小丁拌勻即成三色彩椒，備用。
3. 炒鍋加入橄欖油放入火腿丁炒香，後再放入三色彩椒，瓦斯爐關小火，拌炒後放入香椿醬拌勻。
4. 將五穀飯和炒鍋中的香椿醬料拌勻後，加入素蠔油炒勻即可。熄火再灑上少許的胡椒粉即可。

材料：

1. 五穀飯180g
2. 三色彩椒16g
3. 素火腿15g
4. 香椿醬1/2茶匙
5. 素蠔油1/2茶匙
6. 橄欖油1/2茶匙
7. 胡椒粉少許

叮嚀

1. 橄欖油可以降低壞膽固醇，增加好膽固醇，但是燃點比較低，所以最好用冷鍋冷油炒拌料。其實青紅黃椒都可生食，也不需要過分高溫拌炒，以免損失維生素C。彩椒不僅含豐富的胡蘿蔔素，也含有大量的維生素C和A，營養成分甚至超過番茄。

2. 聯合國亞洲蔬菜中心研究150種蔬菜後發現，香椿的抗癌效果排名第一，是蕃薯葉的三到十倍，那是因為香椿胡蘿蔔素特別豐富，抗氧化功效很好，而且不會因為烹煮或消化而改變，它的維生素ACE，還有鐵質、鈣質含量也很豐富。香椿醬是用香椿樹最尾端的嫩葉作成的，它特殊的香味很能引人食慾。所以這道拌飯又營養又好吃，不僅是很好的早餐，也可以當午晚餐主食。

牛蒡包

材料：

1. 中筋麵粉9米杯
2. 麥麩2米杯
3. 酵母粉2茶匙
4. 溫水2杯
5. 冷水2米杯
6. 冰糖2大匙
7. 牛蒡、紅蘿蔔、黑木耳適量切絲炒
8. 醬油、糖、胡椒粉少許

作法

一、製作麵皮：

1. 冷水2米杯加入2茶匙的酵母粉拌勻備用（夏天1茶匙即可）。
2. 熱水2米杯加入2茶匙的砂糖拌勻備用。
3. 將9米杯的麵粉和2米杯的麥麩放入容器內，慢慢倒入作法1拌勻的酵母粉，揉勻後再慢慢倒入作法2拌勻的熱糖水，揉到麵糰不黏手即可，蓋上濕布讓麵糰發酵，時間約3-4小時。
4. 等麵糰發酵後再揉10分鐘即可。

二、炒料：

1. 將牛蒡去皮切細絲後泡鹽水（避免牛蒡變黑）。紅蘿蔔、黑木耳切細絲備用。
2. 鍋內放少許油將牛蒡絲炒到軟，拌入紅蘿蔔絲和黑木耳絲，放入少許糖及鹽調味，拌炒到入味即可熄火。
3. 最後拌入少許黑白芝麻粒即可。

三、製作牛蒡包：

1. 將80g的麵糰放在掌心壓平，展開成薄薄的麵皮。
2. 麵皮中央放入35g的炒料後，將麵皮捏緊（像包水餃的方式）即成牛蒡包。
3. 將包好的牛蒡包再發酵約20分鐘，即可放入蒸籠，大火蒸30分鐘即可。

叮嚀

黑木耳、牛蒡和紅蘿蔔都是我心目中的超級食物。日本人相信牛蒡能補腎壯陽。黑木耳含有能抗癌的多醣體以及天然的滋補劑植物膠質。紅蘿蔔可保護眼睛和皮膚黏膜，還能防癌抗老化。這三種蔬菜，對高血壓、糖尿病和痛風都有幫助。

海苔醬

材料：

1. 昆布12g
2. 金針菇45g
3. 醬油膏2.5大匙
4. 味醂1大匙
5. 冷開水半米杯

作法

1. 水煮滾後熄火，將昆布放入鍋中燜10分鐘，瀝乾備用。
2. 金針菇去底部，放入滾水鍋中稍微川燙即可撈起，備用。
3. 將2/3量的昆布、金針菇、醬油膏、味醂、冷開水依序放入調理機打。
4. 再將剩下的1/3昆布放入調理機把昆布切成顆粒狀，即完成。

營養

1. 昆布（也叫海帶）含有鈣質、維他命、礦物質、纖維，也是很好的鹼性食品。還含有一層粘連蛋白（laminin）這種特殊的氨基酸，具有降低血壓的作用。
2. 昆布含大量鈣質，是成長期兒童最需要的。缺乏鈣質，神經無法順利發揮功能，容易煩躁，抗壓力和注意力都會降低。
3. 昆布中含有大量的碘，能夠讓皮膚變得更漂亮。還含有能夠改善貧血、讓氣色變好的鐵質。
4. 金針菇能促進兒童智力發育，因此又被稱為「增智菇」。常食用金針菇還可以降低膽固醇。最近發現金針菇含有一種蛋白，可以預防哮喘、鼻炎、濕疹等過敏症，也可提高免疫力，對抗病毒感染及癌症。

用途

塗抹饅頭、麵包、吐司、蘇打餅乾，或拌稀飯吃。

叮嚀

打好的海苔醬放冰箱可保存一星期。

腰果抹醬

材料：

1. 生腰果2米杯
2. 橄欖油1大匙
3. 蒜瓣4顆
4. 鹽2小匙
5. 原色冰糖1大匙
6. 冷開水半米杯

作法

將生腰果、橄欖油、蒜瓣、鹽、原色冰糖及冷開水依序放入調理機打勻即成。

營養

1. 腰果跟所有的堅果一樣，含豐富的礦物質，它的亞麻油酸含量豐富，可以預防心臟病、腦中風。腰果還含有豐富的維他命A和E，是優良的抗氧化劑，能使皮膚有光澤、氣色變好。
2. 大蒜中含有各種硫化合物，它特殊的氣味也是由此而來。其中最重要的是大蒜素（allicin），及增精素（scordinin），具有殺菌的效果。大蒜素還能促進維生素B1的吸收利用，減少疲勞。另外，這些硫化合物可以降低壞的膽固醇（LDL）提高好的膽固醇（HDL），有助於預防心血管疾病與高血壓。大蒜還可以減少自由基的產生，並抑制癌細胞的分裂增殖與生長。

用途

用來抹吐司或法國麵包，風味絕佳。

叮嚀

1. 大蒜新鮮切碎的最好，高溫也會抑制蒜素的產生，所以攪拌是個好方法。
2. 大蒜雖好，卻不宜多吃。吃多了反而會刺激腸胃，甚至造成潰瘍或溶血性貧血。每天吃生蒜以一瓣（5克）左右為宜，熟蒜也以兩至三瓣（10～15克）以內為佳。

升級計劃

午晚餐篇

「老外！老外！三餐老是在外。」你也是經常外食的老外一族嗎？其實外食不僅費用高，營養和衛生也沒辦法完全掌控，在貪圖方便之下，可能不知不覺流失了健康。其實做飯也可以很簡單，很好玩。只要週末把菜買好，順便洗洗切切準備好，就可以每天回家吃晚飯，甚至連隔天的便當都有了。

接下來介紹幾道更方便、
更營養、更美味的午晚餐。

紫蘇苦瓜

作法

1. 苦瓜洗淨對切，去除白色果瓢及子，切薄片，過冰水，瀝乾，備用。
2. 將紫蘇梅汁、開水、紫蘇梅及冰糖放入鍋中，煮開，熄火，放涼。
3. 將放涼的蘇梅汁倒入保鮮盒，放入冰鎮過的苦瓜（汁液須蓋過苦瓜），置冰箱冷藏一夜，即可食用，酸甜帶點苦的味道，非常爽口。

材料：

1. 青苦瓜一條（或用山苦瓜）
2. 紫蘇梅汁200cc
3. 水100cc
4. 紫蘇梅3、4粒
5. 冰糖3大匙

叮嚀

1. 苦瓜表面顆粒多，農藥不易洗淨，可以先用橘寶稀釋的水浸泡，再多沖幾次水，然後用冰開水冰鎮一下。白色果瓢刮得越乾淨，可以減少苦味。
2. 紫蘇梅汁煮好以後，可以丟2、3片新鮮的紫蘇葉進去，更增添風味。用過的紫蘇梅汁冷凍起來，可以重複使用。
3. 黃帝內經記載：夏長養心，宜多苦少鹹。所以夏天可以多吃苦瓜，清心明目養肝。
4. 苦瓜含苦瓜苷、多種氨基酸、果膠等成份，尤其維生素C的含量相當於蕃茄的7倍，蘋果的17倍，有益於調節身體代謝，增強免疫功能，促進皮膚癒合。苦瓜具有明顯的降血糖作用，糖尿病患者可以多吃。同時苦瓜裡含有大量的清脂素所以可以減肥，不過一定要生吃材有效，而且一天要吃三、四條。但是苦瓜性涼，吃太多脾胃可能受不了。

梅汁番茄

作法

1. 番茄洗淨，用溫開水沖一下，切小塊。
2. 將調味料和水放入玻璃碗，調勻。
3. 將番茄放入碗中浸泡就完成了。

材料：

1. 番茄2個
2. 白醋2大匙
3. 果糖4大匙
4. 梅粉2小包
5. 開水2大匙

叮嚀

1. 這道菜非常簡單卻滋味無窮，當前菜很開胃，顏色又鮮豔，非常受歡迎。
2. 梅粉在超市就可以買到，要買小包、淺粉色的，我試過一種褐色的梅粉，結果汁也變成褐色，美感就差很多。梅粉買小包的比較容易保存。
3. 番茄生吃可以吸收維他命C，熟吃特別是油炒，可以吸收豐富的紅蘿蔔素與茄紅素，所以應該兩種輪流吃。我們家也常吃番茄炒蛋，營養豐富又美味，百吃不厭。我喜歡先炒番茄再加蛋，蛋可以充分吸收番茄的汁液，香嫩可口。
4. 美國的《時代》雜誌，在2002年初根據科學家實驗的結果，評選番茄是十大超級食物第一名，但是在19世紀以前，番茄還被認為有毒，只能做觀賞植物。

黃金蛋

作法

1. 水煮滾後放入鴨蛋，轉小火，煮5分鐘，熄火，取出鴨蛋放涼。
2. 將放涼的鴨蛋剝皮，放入200cc醬油與3大匙砂糖調成的醬汁中，浸泡20分鐘，中間需翻動，讓每一粒蛋的每一面都浸泡到醬汁。
3. 取鋁箔紙一張放炒菜鍋上，不亮的一面朝上，放入米、茶葉、八角與2大匙砂糖，上面放一高約20-30公分的格架，把泡過醬汁的蛋放上面，開小火，薰7分鐘，熄火，蓋上蓋子，再燜5分鐘，好吃的黃金蛋就大功告成啦！

材料：

1. 鴨蛋12個
2. 醬油200cc
3. 砂糖5大匙
4. 米2大匙
5. 茶葉2大匙
6. 八角7粒

叮嚀

1. 這道菜是功夫菜，要花不少時間，不符合我挑選食譜營養、美味、簡單的原則，可是它真的色香味具全，幾乎吃過的人都愛，所以還是介紹給大家。
2. 一定要用鴨蛋，我試過雞蛋，都不成功。重點是蛋白熟透，而蛋黃呈糖心狀橙黃色，蛋黃煮硬了或蛋白沒熟都不對。多試幾次就可以掌握訣竅。
3. 既然這麼麻煩，乾脆一次多做幾個，放冰箱可以保存一星期。

涼拌洋蔥

作法

1.洋蔥洗淨，瀝乾，放冰箱冷藏數小時，以去除嗆味。

2.將冰過的洋蔥切絲 。

材料：

1.洋蔥一個

2.和風沙拉醬4大匙

營養

1.和大蒜一樣，洋蔥也含有大蒜素等含硫化合物，所以氣味很重，但也因此能夠殺菌。洋蔥也含有類黃酮與硒等抗氧化物質，可增強免疫力、抗癌、降血脂及降血糖。同時洋蔥含有豐富的鈣、磷、鐵、鉀等 礦物質，能預防骨質疏鬆，還有豐富的果寡糖，有助於增加腸道內的好菌。

2.有研究發現，洋蔥中的化合物可以阻止血小板凝結，並加速凝塊的血液溶解，所以吃脂肪含量高的食物時，不妨搭配洋蔥，抵消高脂食物造成血液凝塊，這就是為什麼吃鐵板燒的時候往往都有涼拌洋蔥當配料。生食洋蔥還可以預防感冒。

叮嚀

1.這道菜簡單、爽口、營養豐富，很適合當前菜來開胃。如果買到紫洋蔥，可以用白洋蔥和紫洋蔥各半個切絲，顏色會更美麗，還可以灑些柴魚片，增添風味。

2.切洋蔥容易被嗆到流淚，可先把洋蔥放冰箱冷藏就比較不嗆，容易切，吃起來也比較甜。

味噌燙青菜

作法

1.將A菜洗淨切段備用。

2.薑洗淨切絲備用。

3.水滾後將A菜放入鍋內，快速川燙後，撈起瀝乾。.

4.盤中放入少許燙青菜的熱水再拌入味噌、薑絲.、芝麻油少許，最後拌入川燙好的青菜即可。

材料：

1.A菜約400g

2.味噌2大匙

3.薑絲少許

4.芝麻油少許

營養

A菜又名鵝仔菜、葉萵苣、屬菊科，因為有特殊氣味，通常農藥較少。青菜可依季節性來選擇如地瓜葉、波菜或大陸A菜都不錯。

叮嚀

1.燙青菜也可用熱湯類介紹的素高湯，或昆布高湯取代清水，營養更豐富，滋味更鮮美。

2.避免高溫炒菜有礙健康，很多人改用水炒菜或燙青菜。這道菜的特色是利用味噌來調味，不僅更營養也可以吃到味噌特殊的香味。別忘了味噌還可以幫忙代謝放射線。

金包銀捲

作法

1.雞胸肉燙熟，抹鹽，撕成絲，備用。

2.豆芽洗淨，挑好，用一點油炒熟，和入雞絲，加一點鹽，起鍋。

3.將適量的豆芽和雞絲塞入壽司豆腐皮內。

4.將芝麻醬加一點水和醬油、醋調勻，上桌前用湯匙淋在豆芽雞絲上調味。

材料：

1.雞胸肉200公克

2.豆芽菜半斤

3.薑絲少許

4.芝麻醬3匙

5.四方形壽司豆腐皮16個

叮嚀

1.這道菜色、香、味俱全，營養高、熱量低，又簡單易做，每次宴客都很討好，家人也很喜歡，百吃不厭。（吃素者可以不加雞絲，一樣好吃）。

2.壽司豆腐皮一定要用四方形的，我試過三角形的，賣相及質感差很多。

3.四方形壽司豆腐皮在微風超市可以買到，一包內有兩小袋，一袋8個。

素蝦鬆

作法

1.荸薺去皮，洗淨，切小丁。

2.混合冷凍蔬菜洗淨，用一點油炒熟，加水煮約5分鐘，加入荸薺，略翻炒，加一點鹽，起鍋 。

3.松子低溫烤香，灑在炒熟的冷凍蔬菜上。

4.結球萵苣葉選葉形漂亮的，洗淨，用溫開水沖一下，瀝乾，備用。

5.食用時，用萵苣葉包炒熟的冷凍蔬菜加松子一起食用。

營養

松子含豐富的不飽和脂肪酸，能降低膽固醇、防止動脈硬化，還能增強腦細胞代謝、促進和維護腦細胞功能，常吃松子還能抗衰老、提升免疫功能，增強記憶力。不過跟所有堅果一樣，一次不要吃太多。

叮嚀

1.這道菜是仿蝦鬆設計的，因為蝦鬆很油，還加上炸過的碎油條，口感雖佳，卻不利健康。所以動腦筋，用冷凍蔬菜取代蝦子，用荸薺和烤過的松子，創造香脆的口感，果然很討喜。

2.這道菜也是色、香、味俱全。鮮豔的紅、黃、綠包在淡綠色的菜葉內，光看就讓人食指大動，包準讓家人吃進更多蔬菜。

材料：

1.紅蘿蔔、豌豆仁、玉米混合冷凍蔬菜300公克

2.荸薺4個

3.結球萵苣葉300公克

4.松子30公克

蒸南瓜

作法

1.香菇洗淨、泡水，切小丁 ；栗子泡水備用。

2.絞肉用醬油和糖略醃一下 。

3.混合冷凍蔬菜洗淨，用一點油略炒，加入絞肉和香菇丁、栗子炒香，加一點鹽，起鍋。

4.南瓜連皮刷洗乾淨，切開蒂頭，用湯匙清理出空間，將炒料塞入南瓜內部，蓋上蒂頭，放電鍋，外鍋放1杯水蒸熟。

材料：

1.中型南瓜一個約1斤

2.紅蘿蔔、豌豆仁、玉米混合冷凍蔬菜200公克

3.絞肉100公克

4.香菇4朵

5.栗子5顆

營養

這道菜本身材料就很豐富，顏色：紅、橙、黃、綠、黑都有，種類：種子、根莖、果實、葉菜、菇類齊全，各種營養齊備，所以這一道菜加個湯和主食，就可以搞定一餐。

叮嚀

1.這道菜上桌前可燙一些綠色蔬菜圍邊，襯著中間橘色的南瓜，顏色更美。

2.南瓜可以連皮一起吃，鬆軟香甜，加上中間鹹鹹香香的餡料，非常可口，也是我們家最受歡迎的一道菜。

蒸茄子

作法

1.茄子洗淨，斜切小段，排入盤中，放電鍋內與飯一同蒸熟。

2.將蔥洗淨切蔥花，薑切成薑末，蒜搗成蒜泥，調入醬油膏、冷壓芝麻油、醋。

3.取出蒸好的茄子，淋入調勻的醬料，就可以上桌了。

營養

1.茄子熱量很低、又有飽足感，是減肥聖品。它含皂草甘能降低膽固醇；還有豐富的維生素P，可以防止微細血管破裂出血，活血化瘀、清熱消腫；再加上豐富的花青素，所以也是很好的防癌抗老食物。

2.有異位性皮膚炎、或過敏性體質的人應該少吃茄子。

叮嚀

1. 這道菜簡單又好吃，是下班回家趕著餵飽家人的主婦救星。

2.特別選這道菜是因為紫色的蔬菜不多，提醒大家不要忘了茄子，同時茄子的吃法，最好不用油炒。

材料：

1.茄子2條

2.調味料：醬油膏、冷壓芝麻油、醋

3.蔥、薑、蒜少許

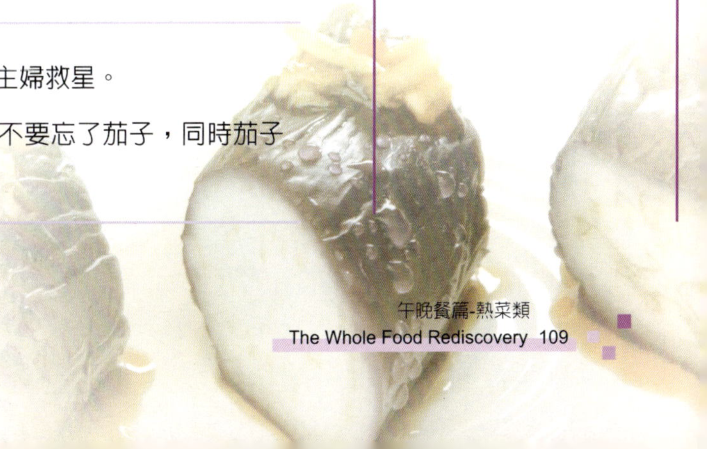

紅燒苦瓜

作法

1.將乾香菇用熱水泡開，擠乾水分，切對半 (或四分之一，依香菇大小而定) 備用，香菇水保留。

2.苦瓜洗淨，先對剖，再連籽切厚塊。

3.鍋中放一匙油炒豆豉、香菇，陸續加入苦瓜片略炒。

4.放入醬油、純米霖、香菇水，蓋上鍋蓋，視情況加入適量的水，燒煮至苦瓜爛熟即可。

營養

苦瓜含大量清脂素，是減肥聖品。苦瓜還有降血糖的功效，糖尿病患者可以多吃。有人擔心苦瓜性寒，其實它生吃性寒，熟吃性溫。

叮嚀

1.把苦瓜切得厚一些，可延長燒煮的時間，更增口感軟滑。

2.如果家中有燉鍋，也可以把炒好的材料倒進燉鍋煮熟，就可以空出炒鍋準備其他菜餚，縮短準備晚餐的時間。

3.苦瓜肉甘甜中帶苦，再加上香菇的香滑，非常下飯。苦瓜籽外紅紅的果肉燒熟了竟然是甜的，籽可以像嗑瓜籽般將苦瓜仁吃下肚，整支苦瓜都利用到了，資源一點也不浪費。

4.苦瓜外表有顆粒，不易洗淨，買有機的較安心。白的苦瓜軟，適合紅燒、燉湯；綠的脆，適合涼拌。苦瓜外型晶瑩、顆粒大的，比較不苦。

材料：

1.有機苦瓜 (小)1條

2.乾香菇6朵

3.豆豉一大匙

4.醬油1.5大匙

5.純米霖（味霖）1大匙

五色彩椒

材料：

1.青、紅、黃色彩椒各100公克

2.黑木耳60公克

3.鮮百合60公克

作法

1.三色彩椒去蒂和籽，洗淨，切片，備用。

2.黑木耳洗淨，切片 。鮮百合洗淨，備用。

3.鍋中放2匙油，將彩椒、黑木耳、鮮百合下鍋，大火翻炒，加1/4杯水稍煮，加一點鹽，即可起鍋。

營養

1.這道菜也是以顏色和營養取勝，紅、黃、綠鮮豔奪目，加上白、黑點綴其間，五色的營養全吃到了。

2.彩椒維他命C含量最豐富，可防止牙齦出血。百合含鈣、磷、鐵等礦物質與胡蘿蔔素，以及秋水仙鹼等多種生物鹼，能潤肺止咳、預防哮喘。

3.木耳是菇菌類，它的營養成分不輸靈芝，含多醣體、高蛋白、高鐵、高鈣，具有滋補養血、潤燥清肺、健胃增智的效果。尤其黑木耳中的膠質，可把殘留在人體消化系統的灰塵、雜質，吸附集中起來排出體外，有清胃滌腸的作用。

叮嚀

彩椒蒂頭的凹陷部分容易累積農藥，要注意清洗。木耳買乾的，回家自己泡比較安心。

紅燒什錦

作法

1.紅蘿蔔、白蘿蔔刷洗乾淨，切2公分見方；蓮藕洗淨切同樣大小。

2.毛豆洗淨；豆干洗淨，切成四小塊 。

3.將紅蘿蔔、白蘿蔔、蓮藕、毛豆、豆干全部放入鍋中，加醬油、米霖和水，煮開後轉中火燒20分鐘。

材料：

1.中型白蘿蔔一條

2.紅蘿蔔一條

3.蓮藕一截約250公克

4.毛豆100公克

5.豆干6塊

6.醬油4匙、米霖2匙

7.水（或高湯）1杯

叮嚀

1.這道菜也是為忙碌的職業婦女設計的，一次可以多燒一點，冷凍起來，配飯、拌麵都很適合，帶便當也很好。喜歡的話也可以加肉一起紅燒。

2.可以用素高湯或昆布高湯取代清水，會更美味，更營養。

韭菜豆乾肉絲

材料：

1.韭菜50公克

2.豆干5塊

3.肉絲100公克

作法

1.韭菜洗淨、切段。

2.豆干洗淨，切絲。

3.肉絲用醬油、糖醃一下。

4.鍋中放2匙油，先放豆干、肉絲，快火炒一下，再放韭菜，炒熟即可。

營養

韭菜含豐富的纖維素，能增強腸胃蠕動，預防腸癌。它還含有揮發性精油及含硫化合物，能降低血脂。中醫認為它可以溫補肝腎、助陽固精，因此在藥典上有「起陽草」的稱號，也就是植物的「威而剛」。

叮嚀

1.二月吃韭菜最好，到了夏天韭菜就太老了，可能傷腸胃。

2.用韭菜、大蒜和洋蔥這類含硫蔬菜燒肉，有助B群吸收，有助消除疲勞。

咖哩雞

作法

1.紅蘿蔔洗淨，切塊。

2.馬鈴薯、洋蔥洗淨、去皮，切塊。

3.雞胸洗淨，切塊。

4.鍋中放油，炒香洋蔥，放馬鈴薯、紅蘿蔔、咖哩、高湯，煮開，轉中火，煮到蔬菜都軟了，就可以起鍋。

營養

最近很流行吃咖哩，因為咖哩中的薑黃素，被證實能破壞造成阿茲海默症的腦斑,具有預防失智症的效果，同時也是超強的抗氧化物，可以防癌抗老。不過，薑黃會抑制血小板凝集 ，因此有血液凝固疾病，或使用抗凝血劑的人，最好不要食用；薑黃素 也會刺激膽囊及子宮收縮，有膽結石及懷孕的婦女，不要吃太多。

叮嚀

用雞胸肉是因為容易去皮，比雞腿脂肪含量低。咖哩雞一次可以做多量一點，冷凍起來，吃飯時熱一下，燙個青菜，加個湯，就解決了。

材料：

1.雞胸肉250公克

2.馬鈴薯2個

3.紅蘿蔔1條

4.洋蔥1個

5.甜味咖哩一塊

6.高湯2杯

紅燒魚

作法

1.魚洗淨，擦乾，抹鹽略醃一下。

2.蔥洗淨切段，薑切片，馬鈴薯、洋蔥洗淨、去皮，切塊。

3.鍋中放切好的蔥、薑，再把魚放上面，加醬油、味霖、高湯，用小火紅燒。

4.燒得差不多了再翻面，繼續紅燒，到湯汁差不多燒乾了，就可以起鍋。

材料：

1.中型魚一條

2.蔥、薑少許

3.紅蘿蔔1條

4.醬油4匙

5.味霖1匙

6.高湯半杯

營養

1.魚類的蛋白質約有87-98%可以被人體利用，所以是「一級棒」的蛋白質來源，它的脂肪比肉低，還有omega-3這種必須脂肪酸，魚油中還含有豐富的脂溶性維生素A和維生素D，所以應該是很好的食物。

2.可惜隨著海洋的污染，魚類也受到污染，越是大型的魚重金屬污染越嚴重，所以現在都不鼓勵吃魚皮、魚肝和魚油。有些魚是比較安全的魚，如野生鮭魚（油脂層較薄）、午魚、鯧魚、肉鯽、花飛、竹莢魚、四破魚、秋刀魚等。

叮嚀

這種紅燒方法叫水紅燒，可以避免熱油煎、炸產生的不健康油煙和致癌物質。

素高湯

作法

1. 用乾淨抹布或紙巾，將海帶表面鹽分輕輕擦掉。
2. 香菇沖洗乾淨；牛蒡用刷子刷洗乾淨，切段；高麗菜老葉如果非有機，最外面幾葉還是要剝除；其他根、莖、洗淨備用。
3. 鍋中放5000cc水，放入所有材料，轉中火，煮到水滾，轉小火，煮一個小時，就完成了。
4. 等湯冷去雜質，將高湯一盒盒放冰箱冷凍，可以當湯底、燙青菜。

材料：

1. 海帶一段約50克
2. 香菇數朵
3. 牛蒡一條
4. 黃豆芽（或泡水活
5. 化的黃豆）半斤
6. 菠菜根
7. 綠花椰莖
8. 高麗菜老葉
9. 水5000cc

叮嚀

1. 這道高湯主要是利用挑菜剩下來的老葉、根、莖，加上海帶、香菇（不用去蒂）、黃豆芽（或泡水活化的黃豆）牛蒡一起熬煮，做成高湯，不僅物盡其用，而且營養豐富。菠菜根、鐵含量最多，花椰菜莖、營養最豐富，芹菜葉、含多量胡蘿蔔素，丟掉實在可惜。可以利用週末買完菜，順手整理蔬菜，並且將這些剩餘物資拿來熬湯。

2. 下班回家，拿一盒素高湯，放鍋中，再加入番茄、紅蘿蔔、青木瓜、馬鈴薯，或其他當令蔬菜，如山藥、蓮藕、菱角一起烹煮。無論是加五穀飯煮燉飯、下麵、煮麵疙搭、或當火鍋鍋底都鮮美甘甜，而且毫不費力。利用熱湯再燙點綠色葉菜，或肉片，配上五穀飯或糙米飯，也是營養均衡的一餐。

3. 書中提到的高湯，也都可用這道素高湯。

玉米濃湯

材料：

（以三人份為標準參考）

1.馬鈴薯半顆（或牛奶土司1片）

2.玉米粒6大匙

3.紅蘿蔔絲1碗

4.水（或素高湯）1200cc

5. 起司2片

作法

1.將馬鈴薯洗淨、去皮、切塊。

2.把馬鈴薯或麵包、2大匙的玉米粒、起司2片及1米杯的水（或素高湯）放入調理機打勻後倒出來。

3.將紅蘿蔔洗淨、刨絲，備用；準備一個不鏽鋼鍋，鍋內放5米杯的水（或素高湯），煮沸後，將4大匙的玉米粒及紅蘿蔔絲放入，煮滾後，再把調理好的馬鈴薯泥加入勾芡，就完成了。

叮嚀

1.喜歡鮮奶的，可以加入鮮奶一杯，酌減水量；或加入一些腰果，增添腰果奶香。或者加入火腿丁。濃淡均依個人喜好調整。

2.玉米的營養價值比稻米和小麥還高，具有延緩衰老的作用，也具有一些防癌作用的礦物質，也可預防眼睛老化。玉米所含的卵磷脂也有助於預防老年失智症（阿茲海默氏症）的發生。美國科學家還發現，吃玉米能刺激腦細胞，增強記憶力。

3.不過，玉米農藥很多，甚至是系統性農藥，最好要確認來源的安全性。冷凍或罐頭玉米粒則要注意鈉含量。

4.西餐濃湯的白醬是用奶油炒麵粉做成的，既花時間又不健康，我們用馬鈴薯或牛奶土司、起司取代，方便又健康。

花椰菜濃湯

作法

1.將青花椰菜、洋蔥川燙或蒸熟，備用。

2.將牛奶、熱開水、洋蔥、起司片、燕麥片依序放入調理機打勻。

3.將煮好的青花椰菜加入調理機，把青花椰切成細顆粒狀。

4.將調理好的青花椰菜濃湯倒出，灑上少許海鹽，即可享用。

叮嚀

1.青花椰屬於十字科的蔬菜，可以預防癌症，而且適合各類體質的人食用，它還含有：能抗氧化的β胡蘿蔔素、孕婦需要的葉酸、能修補細胞的硒、可調節血壓的鉀離子、和可降低血糖的鉻離子；還可降低癌症病人接受放射線治療的損傷。真是防癌抗癌之寶。

2.不過青花椰農藥多，又不易清洗，要多沖幾次水。冬天大量生產期，蟲害較少，施藥也少，是吃花椰菜的好時機，冷凍花椰也是不錯的選擇。花椰菜用川燙或蒸的營養流失較少。

3.晚餐要吃得少，其實對食量小的人，這湯裏有蔬菜、穀類、蛋白質，也是營養均衡的一餐了。當然也可以當早餐的精力湯。

4.燕麥片用已煮熟的即食燕麥片，或煮熟的燕麥粒。

材料：

（以三人份為標準參考）

1.青花椰菜半顆
（約150g）

2.洋蔥 1/4顆

3.牛奶1米杯

4.熱開水3米杯

5.牛奶土司1片

6.起士片2片

7.燕麥片1米杯

8.鹽1匙

甜豌豆濃湯

作法

1將甜豌豆洗淨，去前後蒂頭,蒸熟備用。

2.將蒸熟甜豌豆、腰果、起司片、米飯放入調理機內，加入熱水打勻，再拌入少許鹽即可。

材料：

1.蒸熟甜豌豆150g

2.腰果30g

3.起司片1片

4.米飯0.5碗

叮嚀

1.豌豆營養不亞於大豆，尤其蛋白質的消化率比大豆蛋白質高，這裏用的是豌豆莢，不僅含豐富的膳食纖維，還有利尿、清淨血液的功效。

2.豌豆屬於連續採收作物，因為採收期長，需持續噴灑藥物，農藥殘留較多，這類蔬菜包括豌豆、四季豆、胡瓜、小黃瓜、韭菜花等，所以要多沖洗。而利用冬天盛產期製作的冷凍蔬菜，如豌豆、四季豆、花椰菜因為冬天本身蟲害少，自然施藥就少，再加上冷凍前又熱水處理過，相當安全。

3.米飯是用來增加濃稠度，可以隨喜好增減。這碗湯本身就營養均衡，可以說是晚上的精力湯。

巧達濃湯

作法

1. 將洋菇洗淨、川燙備用。
2. 將馬鈴薯去皮洗淨切塊，加入650cc水，放入鍋中煮，水滾後關小火煮約6分鐘.，熄火，倒出熱湯備用。
3. 將熱湯約600cc放入調理機內，加入腰果，打勻即成腰果奶。
4. 將煮熟的馬鈴薯加入打好的腰果奶中打勻。
5. 最後將川燙過的洋菇放入調理機內，將洋菇打碎，最後放入少許鹽和巴西利調味即可。

叮嚀

1. 洋菇也可用蒸熟的杏鮑菇或草菇代替。
2. 還可以加入燙熟的魚片、蝦仁、蛤蜊肉，就成了海鮮巧達濃湯。
3. 馬鈴薯所含的維他命C不會因為煮過而流失，另外馬鈴薯還含有澱粉、蛋白質、鈣、磷、鐵及多種維生素等，可用來代替穀類，又兼具蔬菜的功效。馬鈴薯發芽時，芽的四周和皮會產生一種毒素，叫「龍葵素」，人吃了也會中毒，破壞紅血球。所以，一定要把馬鈴薯的芽和周圍部份一起削除。
4. 菇類含有多醣體可以抗癌，另外還含有大量植物性蛋白質、礦物質與維他命。

材料：

1. 馬鈴薯1顆(約250g)
2. 腰果20g
3. 洋菇約12粒
4. 水650cc
5. 鹽、巴西利（義大利香料）少許

蓮子白木耳薏仁湯

作法

1.蓮子最好買新鮮去心的，洗淨即可。乾燥的需泡水約2~3小時，小心不要買到漂白的。

2.白薏仁洗淨，泡水約2-3小時，備用。

3.白木耳洗淨泡水約30分鐘，泡軟後，摘除硬蒂，撕小片。

4.鍋中放水1500cc，放入洋蔥、薏仁，煮開後轉中火滾一段時間，再放入蓮子和白木耳，等所有材料都煮軟了以後，加鹽，即可起鍋。

材料：

1.蓮子一米杯

2.白薏仁一米杯

3.白木耳30公克

4.水1500cc

5.洋蔥1/4

6.鹽少許

叮嚀

1.白木耳和靈芝一樣是菇菌類的一種，含多醣體可以抑制癌症，同時含有對人體有益的植物膠及粘液質，能滋陰養顏，清熱潤肺。蓮子含有豐富的鈣和磷，能補脾安神、健腦益智、消除疲勞。薏仁可以降低血中膽固醇以及三酸甘油脂，預防高血脂、心血管疾病，同時利尿、消水腫.促進新陳代謝，還可以美白肌膚。

2.我喜歡用洋蔥當湯底，既補鈣，又可以增添清甜滋味。洋蔥燒肉也非常可口，還可以去脂，減少酸性。

3.很多人一提到白木耳蓮子薏仁湯，就想到甜湯，但是煮成鹹的也非常好吃。還可以用川燙過的大骨、背骨或排骨一起燉煮，鮮美可口。有時候晚餐，我只吃一大碗濃稠的湯，再燙個青菜，就很飽足了。

冬瓜蛤蠣湯

作法

1. 蛤蜊先泡鹽水吐沙，然後洗淨備用。
2. 冬瓜連皮刷洗乾淨，將瓜囊連籽一起切下，放入調理機內，加水300cc，打勻，即成冬瓜籽奶。
3. 冬瓜切1公分厚片，薑切絲。
4. 鍋中放水700cc，加入打好的冬瓜籽奶，放入薑絲、冬瓜，水滾後，稍煮一下，放入蛤蜊。
5. 蛤蜊一開口，立刻加鹽，熄火。

材料：

1.冬瓜（連皮帶籽）一塊

2.蛤蜊適量

3.薑一片

4.水1000cc

5.鹽少許

叮嚀

1.冬瓜利尿消腫，清熱解毒，還能美白肌膚，去脂減肥。

2.冬瓜連皮一起煮，利尿排水效果更好。冬瓜籽含脲酶、皂甘、不飽和脂肪酸、油酸等成分，可降低膽固醇、抗衰老。所以冬瓜從裏到外都是寶。

3.蛤蜊含有高蛋白、維生素和礦物質以及鋅，能降膽固醇、益精潤臟。蛤蜊不要煮太久，否則肉會縮成乾乾的一小片，不好吃。

4.這是愛美怕胖女性，或高血壓、水腫、腎臟病人的佳餚。

豆漿火鍋

作法

1. 將蒸熟黃豆1.5米杯放入調理機內，加入1200cc的水，打勻。
2. 將打好的豆漿倒入鍋中，煮滾後放入洗乾淨的綜合菇類，待煮滾後關小火煮約2分鐘，加入少許鹽或薑絲調味，即完成。

材料：

1.蒸熟黃豆1.5米杯

2.綜合菇類500g-600g

3.水1200c.c

4.鹽少許

叮嚀

1. 豆漿只加菇類別有一股鮮甜的滋味，也可以加點甜玉米、芋頭、紅白蘿蔔，那營養就更豐富了。
2. 豆漿可當火鍋湯底，加入各種蔬菜、海鮮、肉片，滋味非常鮮美。
3. 有痛風病史的人最好避免豆漿加菇類，因為兩者普林都很高。

升級計劃

點　心　篇

常有人問我，養生就要犧牲口腹之慾嗎？能不能提供一些好吃又營養的甜點？尤其是孩子，就是愛吃點心、零嘴，怎麼辦？

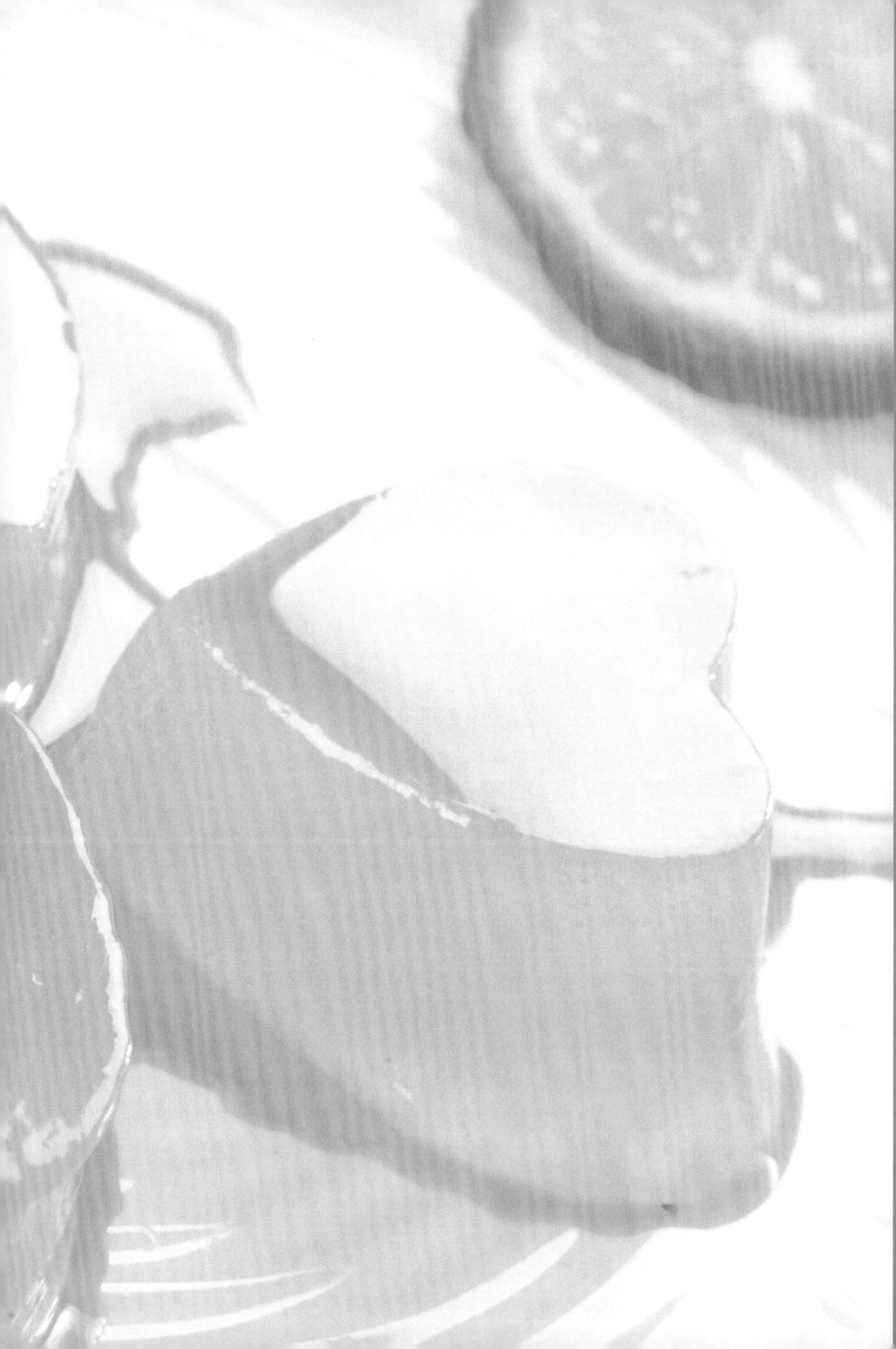

我家裡也有三張「甜」嘴，所以我不斷下工夫，設計了一些精心的點心食譜，讓他們吃得開心，我也安心。

心太軟

作法

1. 先製作糯米糰。將糯米洗淨，泡水4小時，備用。
2. 將泡好的糯米瀝乾後加入半米杯的水，放入調理機打勻（可用攪拌棒協助調理）。
3. 將打好的糯米漿用刮棒刮出倒入棉布袋，以重物擠壓去水約2小時，就成為糯米糰，拿出布袋，稍微揉捏，就可製作各式點心，如湯圓等等。
4. 紅棗泡水去籽。
5. 將糯米糰塞入紅棗中，以電鍋蒸熟。
6. 淋上蜂蜜和桂花醬再稍微蒸一下即可。

叮嚀

紅棗是保肝聖品，尤其B肝朋友多吃可以抑制肝炎病毒的活性。同時它還有補中益氣、養血安神的功效。當飯後甜點，既可以甜嘴，還可以養生，何樂而不為？但是別吃太多，以免發胖哦！

材料：

（以三人份為標準參考）

1. 糯米2米杯
2. 水半米杯（約90cc）
3. 紅棗
4. 冷開水
5. 桂花醬
6. 蓮藕粉

碗粿

材料：

1. 2杯在來米
2. 梅汁蘿蔔乾20g
3. 香菇10g
4. 豆干1塊

調味料：

黑糊椒粒

白糊椒粉

五香粉

糖

有機醬油

作法

一、炒料製作：

1. 將梅汁蘿蔔乾放入調理機切碎。
2. 將香菇洗淨泡水，約3分鐘即可撈起瀝乾，放入調理機切碎。
3. 將豆干切小丁備用。
4. 將切碎的香菇和梅汁蘿蔔乾依序放入炒菜鍋內，慢火炒香，並放入切小丁的豆干拌勻，然後放入黑糊椒粒、白糊椒粉及五香粉拌炒，再放少許糖，起鍋前加有機醬油調味即可。

二、碗粿製作：

1. 將2米杯在來米洗淨泡水3小時，將水瀝乾，加入6米杯的水，放入調機內打勻。
2. 蒸籠內放入碗，讓碗加熱。水滾後打開蒸籠，將打好的米漿倒入碗內，再拌入煮好的炒料，繼續蒸20分鐘即可。
3. 若若使用電鍋蒸，則外鍋1米杯水即可。

叮嚀

1. 碗粿的炒料還可以加入季節性的食材，如芋頭丁、山藥丁等等。
2. 碗要先預熱，再將打好的米漿倒入熱碗內，這樣蒸好的碗粿倒扣時，才不會沾黏，形狀才會漂亮。
3. 碗粿質地細膩，易於消化，可謂老少咸宜，是好吃又營養的家常點心，也可以當早餐或代替主食。

鮮奶酪

材料：

（以三人份為標準參考）

1. 起司片2片
2. 腰果30g
3. 牛奶1000cc
4. 冰糖3大匙
5. 膠凍粉4大匙
6. 冷開水300cc
7. 熱開水300cc

作法

1. 將起司片、腰果、冰糖及冷開水依序放入調理機打勻即成腰果奶漿。
2. 將1000cc的牛奶隔水加熱至40度。
3. 將作法1的腰果奶漿和做法2加熱的牛奶混合在一起。
4. 將膠凍粉倒入300cc的熱開水中，快速拌勻後，立即倒入做法3，記得一邊倒一邊攪拌，避免結塊。
5. 將調理好的奶酪倒入模型中，冷卻後即可食用。

叮嚀

1. 膠凍粉由天然海藻（麒麟菜）提煉，富含天然礦物質、膠質、水溶性膳食纖維以及鈣質，對老人關節以及小孩骨骼發育都有幫助；還可清除宿便。
2. 膠凍粉要使用80℃以上的熱水才可以溶解，適當攪拌一下，完全溶解即可，不需再煮沸，等溶液冷卻至室溫30℃就會凝固。如果水溫低於80℃，膠凍粉未完全溶解，杯底會出現許多未溶解、亮晶晶的顆粒。牛奶如果未加熱超過30℃，奶酪也不容易均勻凝結。我也失敗了好幾次，不過做成功後，真的很開心。還可以淋百香果汁或柳橙汁或桑椹醬，是夏季超棒點心。

愛玉凍

作法

1. 將20g愛玉子及水1000cc放入調理機打勻。
2. 將打好的愛玉漿倒入乾淨的容器內，並利用過濾袋將愛玉子過濾乾淨。
3. 將過濾好的愛玉漿靜置10分鐘，凝結後放入冰箱冷藏，即成清涼消暑的愛玉凍。
4. 品嚐時淋上糖水及少許檸檬汁，更添風味。

材料：

1. 愛玉子20g
2. 水1000cc
3. 糖水1000cc
4. 檸檬汁少許

備註

1. 愛玉果實含植物性脂肪和蛋白質，果膠更富含可溶性纖維和果膠脂脢，能降低血中膽固醇含量，預防血管硬化及高血壓。常吃愛玉還可清涼去火、潤膚美容、減緩老化。
2. 愛玉果膠是活性物質，油脂會化解它的結凍分子，所以裝愛玉的容器不能有一點油脂，否則無法凝結成凍。
3. 過濾袋可以在中藥房或雜貨鋪購買，或用乾淨的絲襪。

藍莓果凍

作法

1. 將藍莓、大豆胜肽、果凍粉、冷開水及原色冰糖，依序放入調理機打匀，完成後，將果汁倒入鍋中，放到瓦斯爐上煮滾。
2. 將煮滾的果汁倒入模型中冷卻凝結，就完成。

材料：

1. 藍莓1米杯
2. 大豆胜肽3大匙（約15g）
3. 果凍粉2大匙
4. 原色冰糖1大匙
5. 冷開水1米杯

叮嚀

1. 藍莓雖然小，卻含有豐富的營養。一份藍莓可以提供5份紅蘿蔔、蘋果、青花椰菜、或南瓜所具有的抗氧化作用。藍莓不僅能夠降低罹患心血管疾病和癌症的風險，還可以抗老化，防止皮膚鬆弛，保持肌膚健康，所以又被稱為「青春莓子」。
2. 市售果凍為了符合大衆口味，常添加各種香精、色素和大量的糖，甜度很高，很受小朋友歡迎，卻在不知不覺中吃進大量糖分，不僅易胖，還有害牙齒、骨骼。自製藍莓果凍就沒有這些顧慮。

南瓜派

作法

1.派皮：將壓碎的餅乾1米杯、4大匙芝麻醬放入調理機打勻後，倒入鋁箔蛋糕模型均勻舖平。

2. 內餡：將有機南瓜用刷子洗淨，切成4塊，放入電鍋內鍋，外鍋放1杯水蒸熟。

3. 將南瓜、腰果、紅糖、鹽、玉米粉、大豆胜肽放入調理機打勻後，把打好的材料填入已舖好派皮的模型中抹平表面。

4. 將南瓜派放入預熱烤箱180度，烤約40~50分鐘，就完成了營養美味的南瓜派。

叮嚀

1. 南瓜皮含豐富多酚，可以防癌抗老。南瓜子含有豐富的鋅，男性雄激素的合成需要鋅這種礦物質，所以南瓜子，可防治攝護腺肥大，增進性功能。吃南瓜的時候一定不能把這兩寶給丟了。據報導，日本北海道有一個村子，村民以南瓜為主食，全村沒有一個糖尿病和高血壓患者，南瓜因此風靡日本。所以這也是一道老少咸宜的甜點。

2. 碎餅乾可用消化餅乾，做出來的派皮超級好吃。

材料：

1.南瓜600g

2.腰果 50g

3.水100cc

4.紅糖3大匙

5.鹽1/2茶匙

6.玉米粉2大匙

7.大豆胜肽2大匙

8.碎餅乾1米杯

9.芝麻醬4大匙

芝麻醬夾餅乾

作法

將烤熟的芝麻及3大匙紅冰糖放入調理機容杯中打勻即可。

材料：

1. 烤熟的白芝麻400g
2. 紅冰糖3大匙
3. 餅乾（或麵包，依個人喜好）

叮嚀

1. 打芝麻醬要用炒熟的白芝麻，因為白芝麻油脂比較多，最好到有機店買低溫烘焙的白芝麻，方便又不會燥熱。
2. 芝麻醬營養高又容易消化，尤其適合老人和兒童。它的含鐵量比豬肝高1倍，鈣含量僅次於蝦米和蝦皮，蛋白質高於雞蛋和瘦牛肉，還含有豐富的不飽和脂肪酸，有助於降低膽固醇。這道自製的芝麻醬，不僅老少咸宜而且沒有添加任何防腐劑，可以放心食用。放冰箱可保存一周。
3. 可用來塗麵包、抹餅乾、做南瓜派，還可以打冰沙，用途多多。自己做的芝麻夾心餅乾是下午茶可口的小點心。

芝麻冰沙

作法

1.將芝麻醬、牛奶及冰塊依序放入調理機打勻。

2.將調理好的冰沙用刮棒倒入調理器皿中，即完成美味又可口的芝麻冰沙。

材料：

1.芝麻醬半米杯

2.牛奶半米杯

3.冰塊 4米杯

叮嚀

1. 調理冰沙或冰淇淋須注意，食材放置下層，冰塊放上層，打的時候須注意觀察，當食材呈現中間低四周凸起，如花瓣形狀就完成了。

2. 夏天無論大人小孩總是會有想吃冰的時候，這道冰沙營養、美味、衛生，而且超級簡單，你一定會喜歡。

女性掌理一家的飲食，也管理著一家的健康，所以女性本身的健康很重要。

我常說：「媽媽健康幸福，一家才能健康幸福」。我要特別送給「愛自己的女性朋友」一份特別的禮物。

升級計劃

給女生的祕密食譜

女性青春期之後，開始承受每月一次的生理週期；結婚步入家庭，有節育或不孕的壓力；懷孕生子更要承受前所未有的生理變化；到了中年，又有更年期來困擾。但凡事皆有一體兩面，每一次的生理變化和考驗，也是身體排毒更新的機會，也就是說上天給了女性更多調整體質的機會，如果能好好利用，給予身體適當的調理，就能活得更健康，也活得更美麗。

低脂肪、全食物、和以植物為主的飲食方式對女性也有很多好處。它可以使女性經期較規律、排血較少，也比較不痛苦。研究報告也顯示，更年期婦女如果改採這類飲食，她的情緒問題如消沉、緊張、悲傷、憤怒等也會改善。這樣的飲食也可以降低得子宮內膜異位和子宮纖維肌瘤的機會。

這是因為全穀物、水果和蔬菜都含有可以轉化為天然雌激素的物質。天然雌激素具有雙向調節平衡的功能，可以使女性體內的荷爾蒙不致太少或太多。體內荷爾蒙太多容易引發癌症，太少容易早發性更年期或產生種種更年期障礙，如骨質疏鬆、熱潮紅、膽固醇升高引起心腦血管疾病等。天然雌激素含量最豐富的是黃豆、亞麻子、柑桔內層白色海綿狀的果皮、葡萄皮、蘋果和山藥等。另外植物中天然的維生素B、C、E和堅果中的亞麻酸也能促進天然雌激素的新陳代謝，常吃這些食物就不用擔心沒有女人味了。我還會加進去的食物是每天早或晚一匙蜂王漿。

我的健康改善一方面要歸功我生完女兒後，非常乖的遵古法坐月子，同時我從那之後，開始採取健康的飲食方法，加上運動。果然困擾我前半生的貧血改善了，嘴唇變紅了，皮膚變好了，生理期越來越正常，經前症候群也幾乎不見了。

以我的年齡來說，也許更年期已在轉角等我，但我知道我會很愉快地迎接各個階段的到來。希望每個女性朋友跟我一樣，健康愉快地迎接每個人生階段。

蘋果豆漿

作法

將蘋果、黃豆、熱開水依序放入調理機打勻即可。

營養

1.這雖然是設計給女性朋友的，但全家人都可以喝，因為蘋果性溫，還含有能夠抗衰老、抗氧化成分，可以預防乳癌及攝護腺癌。

2.豐富的果膠可以健胃整腸，常吃可以美顏並常保青春。黃豆（大豆）是含天然雌激素最豐富的食物，兩者發揮相乘效果，能讓你從年輕美到老。

叮嚀

更年期接近時更應該多喝。想要豐胸，可以喝芝麻山藥豆漿。不過豆漿最好不要空腹喝，先吃一點東西再喝，更容易消化吸收。

材料：

（以三人份為標準參考）

1.蘋果170g (約1粒)

2.煮熟的黃豆1杯半

3.熱開水500c.c

白木耳薏仁奶漿

作法

1.將白木耳洗淨，泡水３０分鐘，放入電鍋，外鍋放１杯水，煮熟備用。

2.薏仁洗淨，泡水約３小時，放入電鍋，外鍋放２杯水．煮熟備用。

3.將煮熟的白木耳、薏仁放入調理機內，加原色冰糖１大匙，加入熱水打勻就完成了。

材料：

（以三人份為標準參考）

1.泡水蒸熟白木耳70g

2.煮熟薏仁250g

3.原色冰糖1大匙

4.水600cc

叮嚀

1.這是獻給想去水腫、減肥、美白的女性朋友。也可以不加糖，略加點鹽調味，更添減脂效果。

2.可以一次多準備一點材料，冷凍起來，要吃的時候更方便。

3.也可以把晚餐吃剩的蓮子白木耳薏仁湯放調理機內打成奶漿，一物多用。

黑糖紅豆漿

作法

將紅豆、黑糖、熱開水依序放入調理機中打勻即可。

材料：

1. 煮熟的紅豆130g（約1米杯）
2. 黑糖3大匙
3. 熱開水500cc

營養

1.這是我生理期間，特別為自己準備的精力湯。

2.紅豆含豐富氨基酸和維生素B、鐵質，可以利尿、消水腫，具有溫補功能，特別是補血功能。不管是懷孕婦女或產後缺乳，或是女性經期不適症狀的紓解，都有幫助。加一點紅糖，會具有暖身的效果，也能使經血排得更乾淨。

叮嚀

紅豆的維生素B1能防止疲勞物質沉澱在肌肉裡，也能促進醣類的分解燃燒。所以，紅豆也具有減肥的效果，《食性本草》就說：「久食瘦人。」但可千萬不要加一堆湯圓、芋丸和大量的糖，那可不會減肥反而增肥。

香菇山藥羹麵

材料：

1.乾香菇30克

2.紅蘿蔔絲一碗

3.日本山藥600克

4.豌豆苗少許

5.水1200cc

6.米霖4大匙

7.芝麻油10ml

8.竹鹽10ml

9.白醋25ml

作法

1.乾香菇洗淨，加400cc的水泡軟，去蒂頭。

2.康寧鍋中加入水800cc，放入一碗紅蘿蔔絲煮滾。

3.將香菇連同香菇水400cc倒入調理機中，加入米霖4大匙、芝麻油10cc、竹鹽10cc、白醋25cc，蓋上杯蓋，打勻後變成香菇高湯，然後倒入鍋中攪拌均勻，用火煮滾。

4.將山藥洗淨去皮切約30公分，用刨絲器刨成條狀，做成山藥麵條，待香菇高湯沸騰後， 放入鍋中煮約2分鐘，熄火。

5.將豌豆苗切末放入羹中，美味的香菇山藥羹麵就大公告成。

營養

山藥黏黏的黏液質充滿了醣蛋白質，含有消化酵素，可提高人體的消化能力，滋補身體。山藥還含有天然雌激素的前驅物質，具有抗氧化, 抑制癌細胞, 調節生殖系統, 增強免疫力的功效。

叮嚀

藉著美味的食物養生，可真是人生一大美事！

後記

分享與感謝

分享與感謝是我最喜歡的心靈體操。它們不僅帶給我內在的充實，也帶給我外在的光輝。因為當人內心充滿這樣的正面想法時，免疫力會大大提高，身心靈都得到提昇。

所以我要感謝所有讀者，因為想要跟你們分享的念頭，是驅動我在完成「全食物密碼」後，再接再勵，完成這本「全食物再發現」的主要動力。而在書寫的過程中，一波又一波的感動和感謝也不斷流過心頭，讓我身心都得到滋養。

首先要感謝許許多多與我分享的讀者，藉著E-mail、書信、電話或面對面的方式，提出問題、表達感謝、分享經驗、提供建議；讓我受到激勵、得到啓發、找到新方向，繼續在健康飲食上學習、耕耘、成長，今天才有這本書的發表。

尤其要感謝書中接受我採訪的朋友們，願意公開他們的生活，讓大家分享他們嘗試健康飲食的過程和成果。相信他們的經驗可以讓許多「已經心動」的朋友，進一步「展開行動」，激起更多善的漣漪。

也要特別謝謝為我寫序的蕭夫人、賴基銘執行長、盧超群董事長、和邵玉銘教授，他們分別以實踐者、專家的身分，表達對健康飲食的看法，更增本書的充實。

還要謝謝大侑可愛的講師及助理們，像琡惠、秋香、曉錡……等，當我四處演講時，幫忙準備示範的食材，讓參與的人都能品嚐到健康食物，同時在食譜的整理、校對上也幫了不少忙。

當然還要感謝我的家人，包括蘇起和兩個寶寶，謝謝他們對我的支持和包

容。好長一段時間，忙著到處演講、分享、閱讀、實驗，對家庭的付出和關注多少受到影響。尤其最近幾個月，忙著趕稿、做菜、拍照，幾乎到了廢寢忘食的地步，嚇得蘇起希望我最好別再出書，並且提醒我：「『我們兩個』太忙了，孩子功課都退步了。」看來公益與私利有時還真難兩全。

我這麼積極推動「新健康飲食文化」是有原因的。世界衛生組織在千禧年宣布：「21世紀，人類最大的疾病是生活型態的疾病」。這類疾病正是近年越來越普遍的糖尿病、高血壓、心臟病、中風、腎臟病、癌症等。換句話說這些疾病全是生活型態所引起來的，而飲食是其中非常重要的一部份，許多國家和地區也因此把營養教育列為施政重點，如鄰近的香港和新加坡。

我希望藉著推動「新健康飲食文化」也能帶動「自我健康管理」的意識，並且因為「自我健康管理」而開始關心自己的食物從哪裡來？是怎麼生產的？並因此而關心這片土地，乃至整個生態環境。這其實也是我的心路歷程。

去年底，就在寫書最緊鑼密鼓的時刻，我走了一趟花蓮「有機村」——羅山村。在短短三天停留時間裡，我們這一群都市人，呼吸著新鮮的空氣，享受乾淨的水源和豐饒的土地生產出來的農作物，每個人都驚訝為什麼簡單的青菜、豆腐、白米就那麼香甜可口，每個人都多吃了好幾碗。

希望有一天，我們不需要到羅山村，就能享受到：新鮮的空氣、乾淨的水源、純淨甜美的食物，和一份誠懇質樸的心。

大開資訊·開創未來

全食物再發現

作　　者：陳月卿
發 行 人：許淑晴
統　　籌：企劃部
攝　　影：陳柏寧
美術編輯：美編組
文字編輯：文編組
出 版 者：大開資訊股份有限公司
地　　址：台北市大安區仁愛路三段九號三樓
訂購專線：(02)8773-5081
傳　　眞：(02)3365-1856
郵政劃撥：19564637 大開資訊股份有限公司
電子郵件：evelyn32@ms38.hinet.net
法律顧問：萬國法律事務所
印　　刷：鴻霖印刷傳媒事業有限公司
中華民國96年七月二刷
經 銷 商：展智文化事業股份有限公司
電　　話：(02)2251-8345

定　　價：新台幣280元

ISBN 978 986 80913 4 4

國家圖書館出版品預行編目資料

全食物再發現／陳月卿作. -- 臺北市：大開資訊, 民96
面；　公分

ISBN 978 986 80913 4 4（平裝）
1. 飲食　2. 食譜

411.3　　96001497

Printed In Taiwan